셰프, 맛으로 세계를 그리다

일러두기

· 외래어로 된 직책, 메뉴명 등의 한글 표기는 외래어표기법을 따르되 일부 실무에서 사용하며
  굳어진 외래어는 관용을 존중했습니다.

· 실무에서 사용하는 용어를 우선 표기하고 필요한 경우 원어와 한국어를 병기했습니다.
  예) 레시피 recipe, 레스팅 resting, 휴지

· 메뉴명은 붙여쓰기를 기준으로 하되 의미상 파악이 어렵다면 띄어 썼습니다.

BEGINNER SERIES **7**

셰프, 맛으로 세계를 그리다

글 김동기

셰프를 꿈꾸는 이들을 위한 직업 공감 이야기

크록

CONTENTS

Part 2
꿈을 조리하다

Part 3
꿈을 맛보다

Part 4
꿈을 곱씹다

PROLOGUE

처음 누군가를 위해 요리를 만들었던 기억이 아직도 생생하다. 내가 열 살 때 맞벌이하시는 부모님 대신 동생에게 라면을 끓여 주었는데 내 딴에는 매운 걸 싫어하는 동생을 위해 분말수프를 빼고 건더기 수프에 참기름, 간장을 버무려 주었었다. 한입 먹고 난 후 동생의 그 곤욕스러운 표정이 아직도 생생하다. 내 첫 요리는 누군가에게 그다지 행복한 음식은 아니었던 것 같다.

스물두 살, 군대를 다녀오기 전까지 나의 꿈은 요리사가 아니었다. 맛있는 음식과 어머니의 요리 구경을 좋아했지만 내 꿈은 펜촉을 들고 잉크를 만지던 만화가였다. 고등학교 때부터 화실을 다니며 만화를 배웠고 문하생이라는 꽤 근사하지만 가난한 삶을 3년 넘게 보냈다. 3년이란 시간은 그리 길지 않지만 스무 살의 젊은 청년에게 3년이란 시간은 꽤 길고 강렬했다. 당시 남들 다 가던 대학도 만류하고 도전할 만큼 진심이었지만, 군대에서 오른손의 신경을 다쳐 펜촉을 들기 어려워지자 그 꿈이 슬슬 흔들렸다. 지나온 시절을 되돌아보면 만화가로서 재능이 없던 내게 좋은 핑곗거리가 되어 그만둔 게 아닐까 하는 생각도 든다. 그래도 그림을 그렸던 그 시간은

9

요리사로서 정말 많은 도움이 되었다. 음식의 배치 능력, 색감, 접시의 선택까지 스스로 부족하다고 생각했던 만화가로서의 재능이 도화지에서 하얀 접시로 바뀌었을 때 빛을 보게 되었다.

꿈을 잃어버린 젊은 시절은 꽤 참담했다. 내 오른손의 병명은 '양성 국소성 근위축증'이라는 꽤 희소한 질병으로 오른손의 근육이 서서히 마르는 병이다. 서울의 큰 대학 병원은 다 다녔고 그중 두 곳에서 루게릭병일 수도 있다는 판정을 받았다. 차라리 죽는 게 낫겠다는 생각도 했었다. 루게릭병은 불치병이고 그 당시 시한부로 5년이 남았다고 진단받았다. 후에 다른 병이라는, 그래도 한쪽 손의 근육만 말라 조금 불편하다는 판정을 받았고 어쩌면 다행이라는 생각이 드는 아이러니한 상황이 웃겼다.

다시 사회에 나와 시작한 첫 일은 급식실에서 식판을 닦는 일이었다. 식판을 닦고 식자재를 옮기며 친해진 급식실 주방장의 현란한 칼 놀림이 너무 멋있게 보였다. 하얀 조리복에 큰 조리모를 쓰고 근엄하게 말하는 그 주방장의 모습에 '요리사라는 직업은 어떨까?' 하고 관심이 생겼다. 주방장의 조언을 듣고 요리 자격증을 먼저 취득해 보기로 했다. 자격증 공부는 생각보다 재미있었고 나 스스로 재능이 있다고도 착각했다. 처음 한식 기능사 자격증 시험을 보던 날이 생생하다. 만둣국이 문제로 나왔는데 잘 빚었다고 생각한 만두가 육수에 넣자마자 하나씩 풀어져 버렸다. 그래서 건더기 가득한 국밥 같은 만둣국이 나왔고 당연히 낙방했다. 당시 조리모도 안 가지고 왔었는데 지금 생각하면 완전 코미디다. 내 제자가 그랬다면 평생 놀림감이었을 것이다.

그 후 조리 전문학교에 진학했다. 처음 시작은 그저 먹고살기 위해 배워볼까 했지만 많은 사람을 만나고 배우면서 내 꿈은 서서히 그려지고 확고히 '요리사'로 바뀌게 되었다. 전직 만화가 지망생이다 보니 한 번쯤 만화 같은 삶을 살아 보고 싶었고, 시한부 판정도 한번 받아보았는데 어떤 도전이든 할 수 있을 것 같았다. 그래서 먼저 전국의 모든 요리대회를 나가보자는 계획을 세웠다. 구리 향토 요리대회, 남양주 슬로우푸드 요리대회, 영덕 대게 요리대회, 양구 토마토 요리대회, 임실 치즈 요리대회 등등 시간이 될 때마다 가방에 재료와 도구를 싸서 양손에 가득 들고 전국을 돌아다녔다. 승률은 5:5였다. 2번 출전하면 적어도 한 번은 3등 상을 받았다. 수상의 희열보단 도전하고자 하는 나의 열정에 무척 행복했다.

그렇게 2년의 학교생활을 하며 수많은 요리대회에 도전하니 좋은 기회가 찾아왔다. 국제요리대회에 출전할 기회가 온 것이다. 세계 조리사 연맹인 WACS에서 주최하는 '2011 러시아 크렘린요리대회'에 운이 좋게도 국가대표팀의 막내로 출전할 수 있게 되었다. 정말 힘들었던 요리대회였다. 대회의 난이도보단 사람이 더 힘들었다. 혼자가 아닌 함께하기에 소통은 굉장히 중요하다. 하지만 대한민국 요리대회팀이나 국가대표팀은 생계 또한 별도이기 때문에 함께 모여 훈련하기도 쉽지 않았고, 또 소통이 체계적이지 않아 너무 아쉬웠다. 결과를 떠나 스스로 만족스럽지 못했다. 그때부터 혼자 국제요리대회

에 출전하기 시작했다. 그렇게 2013년 터키 요리대회, 2013
년 홍콩 요리대회에 출전해 금메달을 수상했다. 그 후 2014
년 룩셈부르크 요리 월드컵에서 금메달, 개인전 종합 7위를
획득했고 2015년 프랑스 Bocuse D'or 국가대표, 2016년 IKA
독일 요리올림픽에 대한민국 국가대표로 위임되어 출전했다.
그 후로도 2020년 IKA독일 요리올림픽, 2022년 룩셈부르크
요리월드컵에 계속 출전하며 처음 가졌던 도전과 열정을 잊
지 않고 있다.

요리대회에 출전한 요리사들을 '컴페티션 셰프'라고 한다. 난 컴페티션 셰프이자 레스토랑의 오너 셰프owner chef인데 한국에서는 몇 없는 늘 도전하는 사람, 아직 포기하지 않은 셰프이다. 특1급 호텔부터 작은 비스트로, 파인다이닝까지 다양한 경력이 있다. 어떤 곳이든 배울 것이 너무나 많았기에 모두 다 소중한 추억이다. 지금은 서울 청담과 영등포, 상봉에 레스토랑을 운영하고 있는데 앞으로의 내 작은 꿈 중 하나는 내 레스토랑 중 한 곳이라도 미슐랭가이드에 등재가 되어 그 타이틀을 가지고 국제요리대회에 출전하는 것이다. 꿈이라는 건 이렇듯 계속 꾸게 되는 것이다. 이룬다고 끝이 아니라 또 새로운 꿈을 갖게 해주기에 내 삶은 늘 설레는 중이다.

사실 이 책을 준비하며 걱정도 들었다. 나보다 더 대단하고 유명한 셰프들도 많은데, 과연 내가 요리사를 준비하는 이들에게 어떤 도움이 될 수 있을까 싶었다. 많은 생각 끝에 그렇게 대단하지 않은 요리사 김동기의 삶과 경험을 천천히 하나씩 풀어낸다면 나중에 유명해질 수 있는, 하지만 지금은 평범한 사람들에게 어쩌면 도움이 되지 않을까 하여 조심스럽게 용기를 내어 적어보았다.

I am a chef

Part 1 꿈을 더듬다

1 셰프의
일상

먼저 '셰프'라는 직책을 알았으면 좋겠다. 셰프는 요리사들의 장, 즉 총괄 주방장을 뜻한다. 대게 내 경력 정도면 셰프라고 칭할 수 있다. 이 책을 읽는 이들은 주방장이라는 책임자 직책보단 요리사라는 일반 직원의 삶을 먼저 경험할 테니 둘 다 설명해 보도록 하자.

막내 요리사나 주방장이나 하루 대부분을 레스토랑에서 보내는 건 마찬가지지만 하는 일은 꽤 다르다. 나의 막내 시절엔 아침 일찍 출근하면 주방 안에 도착한 물건 정리부터 했다. 다양한 식자재, 공산품들을 정리하고 또 전날 사용하고 남은 재료들의 상태가 어떤지 체크하며 하루를 시작한다. 어떤 날은 출근 시간보다 일찍 와 선배들이 전날 했던 요리들을 복습해 보기도 한다. 연습하는 거 티 내냐고 핀잔주는 분들도 계셨지만 기특하게 생각하는 분들이 더 많았다.

출근 후 물건 정리가 끝나면 이제 장사 준비를 한다. 대개 그날 레스토랑에서 판매할 메뉴의 재료 상태를 체크하고 또 미즈 앙 플라스라고 불리는 재료 사전 준비 작업을 한다. 파트를 맡는 경력이 되기 전까진 이렇게 재료 준비, 음식이 최상

16

의 상태로 나갈 수 있게끔 보조를 한다고 생각하면 된다. 어느 정도의 경력이 쌓여 내 요리가 접시에 담겨 레스토랑의 얼굴이 되기 전까진 이렇게 음지에서 착실히 배우는 시간이 필요하다. 기본기라는 것은 특별한 것이 아니라 반복과 탐구심을 바탕으로 매일 하는 일에 깨달음을 얻는 것이다. 그래야 비로소 그다음으로 넘어갔을 때 착실하고 단단하게 올라갈 수 있다. 10년 정도의 경력이 되는 이들의 일하는 모습을 보면 그 배움의 시작이 어땠는지를 알 수 있다.

셰프라는 직책을 달고 난 후 내 삶은 여전히 레스토랑과 함께한다. 출근하면 재료 상태를 보고받고 다른 문제가 있는지, 오늘 예약 상황은 어떻고 또 특이사항이 있는지 체크한다. 서비스 시간 전엔 머릿속에 떠오른 재료들을 조합해 잠깐씩 접시에 담아보기도 한다. 서비스 시간에는 온전히 그 시간에 집중하는데 가장 날 서 있고 긴장되는 시간이다. 내 음식이 가격이 얼마로 책정되어 있든지 간에 손님들은 날 보기 위해 와있고 그 시간은 나나 손님에게나 너무나 소중하기 때문이다. 사실 직원들에게 가장 많이 화내는 시간이 이 음식 서비스 시간이기도 하다.

서비스가 끝나면 내 몫의 뒷정리를 하고 사무실로 이동해 작업을 한다. 지난달 코스트가 어땠는지 또 계절별로 바꾸어야 하는 메뉴 레시피는 어떤지, 재료 수급은 가능한지 거래처와 통화하며 업무를 본다. 20년 가깝게 일을 하다 보면 앉아 있는 것보다 서 있는 게 편할 때가 있다. 서류 작업이 끝나면 금방 서비스 시간이 다가온다. 그렇게 보통의 하루가 지나간다.

나 같은 경우는 이벤트나 컨설팅 제안이 많이 오는 편이다. 레스토랑과 스스로의 홍보는 소홀히 하면 안 되기 때문에 대부분의 일은 거절하지 않고 받는다. 기업과 협업하거나 다른 셰프랑 팝업 레스토랑을 진행하기도 한다. 명품 브랜드의 케이터링을 진행하기도 하며 정치인이나 기업 총수들의 출장 코스 요리도 종종 진행한다. 가끔 지칠 때도 있지만 셰프는 요리뿐만 아니라 그 행보 자체가 레스토랑의 매출과 직결되기 때문에 책임을 져야 하는 자리이다. 열심히 안 하면 잊힌다. 잊힌 셰프는 다시 그 영광을 되찾기가 쉽지 않다.

근무가 끝나면 퇴근 후엔 빠르게 집에 온다. 성향의 차이지만, 결혼 전에는 술자리를 자주 가졌는데 결혼하니 집으로 오는 시간이 빨라졌다. 집안일을 돕고 누워 핸드폰을 보며 휴식 시간을 가진다. 사실 이 시간에도 음식 사진을 보고 있다. 다른 곳의 요리는 어떻고, 내 요리와는 무엇이 다른지 혹은 '다음엔 이렇게 담아봐야지' 하며 자기 전까지도 음식을 생각하는 날이 많다. 이 정도는 미쳐야지 그래도 조심스럽게 '성공'이라는 단어를 꺼낼 수 있지 않을까 한다.

Q1
셰프는
어떤 일을 하나요?

셰프는 멋진 직업이다. 깔끔한 유니폼을 입고 하얀 접시에 그림을 그리듯 색감 가득한 음식을 내놓는다. 손님에게 음식을 내가며 스윗하게 인사하고 보이지 않는 주방에선 카리스마를 내뿜는다.

한창 미디어에 많은 셰프들이 출연해 셰프라는 직업의 위상이 높아진 적이 있다. 나 또한 어쩌면 그 덕을 본 요리사로 생각이 들 때도 있지만, 현장뿐만 아니라 학생들을 교육하는 교육자로서는 미디어 노출에 의한 요리사의 직업 정체성에 대한 불안감을 가지기도 했다. 셰프라는 멋지고 우아한 완성된 직책에 다가서기 위해서는 우리가 잘 알지 못하고 보이지 않는 주방도 경험해 봐야만 한다.

먼저 셰프라는 직업과 직책에 대해 설명하자면 주방을 책임지는 사람이다. '주방장', '조리장'이라고도 부른다. 셰프라는 그 직책은 단순히 세월에 기댄 경력으로 얻는 것이 아니라 포기하지 않는 인내심, 팀을 이끌어 갈 수 있는 리더십, 새로운 음식을 개발해 내는 창의력, 세월이 지나도 흔들리지 않을 기본기를 갈고 닦고 꾸준히 수련하며 죽기 전까지 공부해야

I am a chef

20

하는 직업으로 사실 쉽지 않은 자리이자 직책이다.

누구나 다 셰프가 될 수 있지만 아무나 다 셰프가 될 수는 없다. 나 또한 15년 정도 처절하게 경력과 업적을 쌓았을 때쯤, 비로소 레스토랑을 운영하면서 내 명함에 오너 셰프라는 직함을 달기에 부끄럽지 않다고 생각했다. 셰프라는 직책은 그만큼 무겁고 책임 있는 자리라고 늘 생각했기 때문이다.

난 젊은 요리사들이 셰프의 직함을 다는 걸 싫어하지 않는다. 다만 그것이 프로필상의 타이틀이 아니라 튼튼한 기본기의 숙련과 새로운 요리에 대한 창의성, 다른 이의 음식을 받아들일 수 있는 포용력, 타인의 질책을 수용할 수 있는 인내심을 터득한 후 스스로가 떳떳한 상태에서 셰프라는 직함을 당당히 가졌으면 하는 작은 바람이 있다.

직업적으로 셰프란 음식점에서 타인에게 요리를 만들어 주는 요리사들의 책임자이다. 그 요리를 먹는 사람은 일정한 대가를 주고 무언의 신뢰 속에서 그 요리를 먹는다. 요리 한 접시에 요리사의 모든 것이 담겨있는데 거기엔 기본적인 음식의 맛과 식자재의 신선도, 유해 물질의 유무, 주방 내 위생상태 등 이 당연한 것들이 셰프에게 기본으로 몸속에 각인 되어야 하며, 후배 요리사의 실수도 책임져야 하고, 교육뿐만 아니라 가능성까지 파악하여 그들에게 맞는 파트에 배치할 줄 알아야 한다.

여기까지가 직업적인 설명이고 인간적으로 접근한다면, 난 셰프라는 직업이 어느 직업보다도 낭만적이고 이타적이라고 생각한다. 실수에 불같이 화도 내지만 웃으며 다독이며 마지막까지 따뜻한 음식이 나갈 수 있게 팀워크를 일군다. 또 하루 종일 일하지만 굳건히 서서 음식이 손님에게 가는 마지막까지 시선을 떼지 않고 눈을 감고 자기 전에도 레시피를 그리며 다음날 만들어볼 요리에 설레는 로맨티시스트이자, 음식을 먹는 이들에게 공간, 시간, 함께한 사람들을 기억하게 해줄 수 있는 매개체를 만들어 추억을 끄집어내게 해주는 맛의 연금술사라고 생각한다. 셰프는 추억을 손끝으로 만들어 낼 수 있는 그런 직업이다.

Q2
셰프의 하루 일정은 어떻게 되나요?

레스토랑의 규모, 호텔이냐 개인 업장이냐에 따라 조금씩 다를 수 있다. 나 같은 경우는 개인 업장을 하며 레스토랑에 사용할 재료를 직접 장을 본다. 내 가게의 규모가 크지 않은 이유도 있지만 처음 레스토랑을 오픈했을 때의 습관이 있어 출근 전에 시장이나 마트에서 그날 또는 다음날 사용할 재료들을 구매한다.

출근하는 시간도 유용하다. 그날 장을 본 재료를 어떻게 활용할지 또 어떤 메뉴들을 서비스로 줄지 고민하다 보면 직장에 도착하는 건 순간이다. 집을 나온 순간부터는 하루 종일 요리 생각을 한다 해도 무방하다. 레스토랑에 도착하면 먼저 예약 상황을 체크하며 하루를 시작한다. 직원들과 함께 그날의 특이사항과 고객의 취향 등을 파악하고 시장에서 얻은 재밌는 식자재나 좋은 재료들을 그날의 메뉴로 선정하기도 한다.

레스토랑의 업무는 하루하루 끊어 가는 것보단 전날의 일이 다음 날까지 이어지는 업무의 연속이다. 이러한 사전 준비를 미즈 앙 플라스Mise en place라고 하는데 식자재 준비는 하루가 넘게 걸리는 스톡stock, 육수 같은 것들도 포함된다. 또 냉동고에 보관할 수 있는 재료들은 대량으로 조리 후 소분, 보관하기도 하기에 업무가 끊임이 없다.

일반적으로 점심과 저녁 서비스 시간영업시간 외에는 메뉴 회의나 신메뉴 스케치를 한다. 신메뉴에 들어갈 재료의 원가를 책정하거나 새로운 프로모션들을 구상하며 레스토랑 운영에 도움이 될 만한 아이디어를 내기도 한다.

쉬는 시간을 알차게 보내는 것도 중요하다. 하루 종일 서서 근무하는 직업이다 보니 쉴 때 잘 쉬어야 최상의 상태로 음식을 만들 수 있다. 정말 바쁠 때는 화장실 한번 가기가 어려우니 시간이 될 때마다 잘 활용하는 것이 좋다. 제일 중요한 일정은 바로 음식이 나가는 서비스 시간이다. 영업시간이라고도 하는데 보조 셰프들의 요리를 체크해 손님에게 내놓는다.

영업이 끝나면 대청소를 한다. 말 그대로 대청소다. 주방의 위생은 손님의 건강과도 직결되기에 항상 바닥 물청소부터 선반 위, 재료 통들을 깨끗이 정돈하고 다음 날까지 사용할 수 있는 재료들을 체크한 후에야 하루 일정이 마무리된다.

Q3
보통 하루 몇 시간 정도
일하나요?

요리사들도 대한민국의 법정 노동시간을 보장받는 직업이기에 기본적으로는 주 40시간을 근무한다. 5인 미만 업장인지 아닌지에 따라, 회사마다 내규가 조금은 달라질 뿐이다. 그 외 근무 시간은 수당을 받거나 회사의 여건에 맞게 협의하여 근무할 수 있다.

다만 총괄 셰프는 다르다. 아니, 다를 수밖에 없다. 책임져야하는 일, 체크해야 하는 일들이 많기에 아침 장부터 저녁 가스 밸브를 잠그는 것까지 확인하고 퇴근하는 것이 일상이다. 특히 오너 셰프_{자신의 레스토랑을 운영하는 셰프} 는 주방 외 업무까지 봐야 하므로 하루에 몇 시간이라는 말이 우스울 정도로 하루 종일 레스토랑에서 일한다고 해도 과언이 아니다. 또 다음날 예약 인원이 많으면 그만큼 또 나갈 음식을 준비해야 해서 기대하던 시간에 퇴근한다는 건 정말 운이 좋은 날에만 가능하다.

사실 우리 직업은 다른 이들이 쉴 때 일해야 하고 또 다른 이들이 일할 때도 일해야 하는 분야이다. 워라밸_{Work-Life Balance}을 중요시하는 이들에게는 조금 걱정이 앞서는 직업일 순 있다. 기본적으로 식사 시간과 휴식 시간을 포함해 9~10시간

정도 근무한다. 그래도 지금은 많이 좋아졌다. 옛날에는 하루 14~15시간씩 일하는 경우도 많았다고 한다. 나도 그 세대는 아니라 직접 겪어보진 않고 들어본 이야기이다.

하나 조언을 하자면 우리 요리사들도 기술직이다. 반복된 연습을 통해 숙련된 기술을 얻을 수가 있는데 그 근무 시간에 구애받지 말고 노동이 아닌 공부라는 생각으로 임한다면 다소 힘든 업장에서도 금방 적응하며 경쟁자들보다 앞서 나갈 수 있을 것이다.

Q4
일주일 동안 얼마나 많은 양의
음식을 만드나요?

일주일 동안 준비하는 음식은 레스토랑의 규모마다 다르고 또 월별, 계절별로 다 다르다. 데이트하기 좋은 양식당은 연말과 연초에 장사가 잘될 것이고, 부모님 모시기 좋은 한식당은 따뜻한 5월에 손님이 북적인다. 1년 정도가 지나면 레스토랑마다 평균치가 계산되어 그날 준비할 음식들을 가늠할 수 있다.

테이블 6개의 음식점의 점심 회전율이 2번이라고 가정하면 24인분의 음식을 기본으로 상정하고 2인 이상 테이블을 예상하여 30~35인분가량 준비해 놓으면 된다. 식자재는 회전이 잘되어야 신선한 식자재를 다시 구매할 수 있기에 예상 판매 수량을 맞추는 건 꽤 심오한 일이다. 또 그 이상의 손님이 올 때는 모자란 재료를 쥐어짜서 판매할 게 아니라 과감하게 재료소진을 명시하는 것이 좋다.

개인 식당은 규모에 따라 조금씩 다르지만 곧 평균이 나온다. 별개로 호텔 연회장의 경우 작은 곳은 100명 큰 곳은 1,000명을 위한 음식을 만들기도 한다. 우리가 아는 롯데호텔이나 신라호텔 등이 대형 호텔에 속하며 결혼식이나 포럼 같은 큰

연회 행사의 대규모 예약이 늘 들어온다. 많은 양의 요리를 만드는 걸 경험해 보고자 한다면 호텔에서 근무해보는 것을 추천한다.

Q5
하나의 음식을 만드는 데 얼마나 많은 정성이 들어가나요?

음식의 종류에 따라 다르다. 파스타를 예를 들어 보자. '알리오 올리오 페페론치노'는 마늘과 오일, 면수, 면, 페페론치노, 소금과 후추, 약간의 치즈만 있으면 면 삶는 시간을 제외하고 7분이면 만들 수 있다. '볼로네제 파스타'는 소스를 만들기 위해 다진 고기와 각종 야채를 푹 끓여 만드는데 짧게는 6시간 길게는 10시간까지도 끓인다.

이렇듯 요리는 어떤 요리냐에 따라 다 다르다. 조리 시간이 짧다고 맛이 없는 건 아니다. 재료마다 특성이 있고 짧게 조리했을 때 더 맛있는 음식들이 있다. 개인적으로 오래 끓여 만든 음식은 맛이 없을 수 없다고 생각한다. 내 요리에 브레이징Braising 조리법처럼 오랫동안 끓이는 메뉴가 많은 이유가 그러하다.

샐러드는 살짝 예외로 든다. 손님에게 나가기 직전, 신선한 야채에 수분기를 빼고 약간의 소금과 향이 좋은 오일, 산미가 있는 드레싱을 뿌려 금방 뚝딱 마무리한다. 이처럼 샐러드는 조리 시간은 짧지만 맛은 좋다.

∧ 새우테린

이렇듯 요리는 재료의 특성과 조리법에 맞게 시간과 손이 가는 것이 조금씩 달라진다. 어떨 땐 트러플 가득한 스테이크에 혀가 물릴 때가 있고 어떨 땐 아삭한 고추에 쌈장 하나만 찍어도 꿀맛으로 느껴질 때가 있다. 상황에 맞는 음식이 먹는 사람들에겐 정성 아닐까.

Q6
음식 재료를 준비하는 것도
셰프의 일인가요?

기본적으로 모든 업무를 한다고 생각해도 된다. 관리와 서류 업무도 많지만 그렇다고 재료 준비를 소홀히 해서는 안 된다. 오너 셰프들은 아침에 직접 장을 보고 오는 경우가 많다. 가게가 작을수록 그런 업무는 셰프가 직접 하는 걸 추천한다.

요즘은 1인 주방이 많다. 인건비와 더불어 큰 규모의 가게 말고도 작은 가게도 충분히 경쟁력이 있다고 생각하기 때문이다. 1인 주방 시스템이라면 셰프라고 해도 모든 재료의 처음부터 끝까지 챙겨야 한다. 물론 직원이 많은 곳의 총괄 셰프급이라면 세세한 작업은 하지 않고 관리에 집중하기도 한다.

예전 특1급 호텔 근무 때는 연회장 예약이 몇백 명 단위로 들어오곤 했다. 가장 인상 깊었던 순간은 야채를 썰 때 막내 직원부터 업장의 장까지 함께 옹기종기 큰 테이블에 모여 도마 위 칼질을 했는데 도마에 튕기는 칼 소리가 어찌나 박력 있고 웅장했는지 그런 재료 준비라면 언제든지 같이할 수 있을 거 같던 기억이 있다.

레시피도
직접 개발해야 하나요?

셰프가 하는 가장 기본적인 일 중 하나다. 대부분 셰프가 되어 레스토랑을 맡게 되면 막내 요리사 때부터 천천히 갈고닦은 실력으로 선배님들에게 배워온 요리들을 응용한 메뉴를 선보인다. 이때 다른 곳과의 차별화를 두기 위해서 특색 있는 새로운 메뉴를 개발할 줄 알아야 한다.

여기서 중요한 것이 '기본기'이다. 기본기 없이 개발하는 메뉴들은 그저 기존의 메뉴들을 1차원적으로 섞거나 조금 변화시킨 단순한 메뉴가 된다. 처음 요리를 배웠을 때는 하나의 메뉴에 재료 조합의 수가 3가지 정도였다면 지금은 10가지 정도를 머릿속에서 배합하여 맛을 형상화할 수 있다.

스테이크를 굽는다고 가정해 보자. 일반적으로 고기에 소금, 로즈마리 같은 허브, 오일, 마늘, 후추를 넣는 정도가 기본으로 생각할 수 있는 조리법이다. 여기에 조리법을 약간 바꾸고 향을 재미있게 넣어본다면, 오일을 넣을 때 무염버터를 섞어주고 열을 가해 버터를 갈색으로 풍미를 내준 후 로즈마리에 세이지를 더해 익숙하지만 색다른 향을 더하는 것이다. 소금은 굽기 전이 아닌 구운 후에 뿌려보자. 이왕이면 식감 있는

말돈 소금Maldon Salt 이라면 더 좋겠다.

고기를 구운 팬엔 기름과 육즙이 아쉬운 듯 남아있을 것이다.
이렇게 팬에 남아있는 고기의 잔여물들을 쉬크suc, 육즙라고 하
는데 그 쉬크로 소스를 만들면 고기의 풍미를 더할 수 있다.
고기는 익힌 후 팬에서 꺼내 레스팅resting, 휴지을 해주고 팬에
레드와인과 다진 파슬리를 넣고 졸여 농도를 내준다. 레스팅
한 고기에 즉석에서 만든 소스를 끼얹어 맛을 더하는 것이다.
이로써 기본적으로 소금 후추로만 조리했던 스테이크가 갈색
버터의 풍미와 이국적인 허브향이 더해져 다른 곳에서 먹어
보지 못했던 독특하고 행복한 맛을 내게 된다.

Q8
식품 관리는
어떻게 하나요?

식자재 관리는 레스토랑에서 해야 하는 가장 중요한 일이다. 야채와 생선, 육류, 난류는 다 따로 보관하고 규모가 조금 큰 곳이라면 아예 보관 냉장고를 별개로 두는 것이 현명하다.

신선 재료는 최대한 빨리 소진하는 것이 좋다. 육류나 해산물은 생물로 보관 시엔 상할 수가 있다. 또 엽채류의 야채들도 냉장 보관을 한다 해도 곧 시들기 마련이다. 그래서 레스토랑에서는 메뉴 선정이 굉장히 중요하다. 레스토랑의 평균 매출이 나오고 인기 있는 메뉴가 선정되어 안정적으로 루틴이 돈다면 식자재 발주나 관리가 굉장히 수월해진다.

하지만 그 과정에서 오는 시행착오도 분명히 있다. 그래서 나는 메뉴 선정 시에 잘 상하거나 시들지 않은 야채류, 냉동 후 해동 했을 때 식감이 크게 변하지 않는 육류나 해산물, 유통기한이 긴 공산품을 활용한 메뉴들을 개발한다. 레스토랑을 관리하는 셰프가 할 일 중 하나가 바로 식품, 재료의 코스트_{원가} 관리인데 그 코스트를 합리적으로 관리하기 위해서 위 방법처럼 보존율이 높아야 하고 로스율이 낮아야 한다. 즉, 버리는 재료가 적어야 한다는 뜻이다.

현명한 식자재 관리 방법

 1 냉장고에 들어가는 야채는 밀폐 용기에 넣어 보관한다.

 2 달걀 등의 난류들은 깨끗이 세척 후 다른 재료와 별개로 통에 넣어 냉장 보관한다.

 3 포장을 뜯은 공산품, 유제품, 소스 제품은 개봉 날짜를 적어놓고 유통기한을 매일 확인한다. 또한, 유통기한을 너무 믿지 말고 내 혀와 코도 믿고 맛을 보고 향을 맡아본다.

 4 냉동고에 들어가는 재료들은 진공 후 냉동 시작 날짜를 적어놓는다. 공산품의 경우 냉동 제품이라도 유통기한이 넘지 않게끔 꼼꼼히 확인한다.

 5 가루, 허브, 밀가루 등을 포장지에서 꺼낸 후 통에 보관한다면 포장용지에 유통기한이 명시되어 있는 곳만을 잘라 따로 모아 두는 것이 좋다.

세프의
재능

재능, 중요하다. 나는 과거 조리 전문학교를 졸업하고도 요리
하지 말라는 이야기를 들은 적이 있다. 호텔이나 레스토랑에
취업해서 요리를 배우고 싶은데 요리를 잘하지 못한다는 이
유로 학교에서는 나를 수산업 관련 회사에 보내려고 했었다.
자존심이 상했지만 그 당시엔 위에서 하라면 해야 하는구나
싶어 면접까지 보고 왔던 기억이 있다.

용기를 내서 그 자리를 거부하고 나 스스로 일자리를 찾아 헤
맸다. 처음엔 고생도 좀 했다. 도시락 공장에서 도시락을 만드
는 일도 했었고 뷔페에서 하루 종일 볶음밥만 만들었던 적도
있었다. 하지만 요리를 만든다는 것이 좋아서 포기하지 않고
어떤 일이든 열심히 했다.

내 재능은 요리 실력이 아니라 '끈기'라는 생각이 들었다. 자
기 최면을 걸면서까지 포기하지 않고 일을 하다 보니 호텔에
서 일하는 기회도 생겼다. 막내 요리사였지만 '호텔 요리사'
의 타이틀은 내게 자부심을 주었다. 그때부턴 등에 날개를 단
듯 더 열심히 공부하고 일했다.

개인적으로 요리사의 재능이라는 것은 분명 존재한다고 생각한다. 음식의 맛을 형상화할 수 있는 능력도 있고, 천부적인 기획 능력이나 타고난 플레이팅 감각 같은 것 말이다. 나도 그런 능력을 갖춘 요리사들을 꽤 많이 보았다. 그런데 그런 재능이 표출되기까지는 꽤 시간이 걸린다. 천재든 아니든 우리는 사회 초년생이라는 기간을 겪게 되고 그 기간에는 천부적인 요리사의 화려한 재능보단 성실함과 꾸준함, 끈기라는 재능이 더 돋보이기도 한다.

가끔 그 둘의 덕목을 다 타고난 이들이 있다. 전자의 재능은 타고나는 거지만 후자의 재능은 만들어 낼 수가 있다. 그 끈기가 있다면 맛을 형상화하는 능력도 기획력도 플레이팅 감각도 경험과 노력으로 만회할 수 있다. 내가 아는 대부분의 성공한 요리사들은 그렇게 성장해 왔다.

처음 요리대회를 나가보자 했을 때 난 겨우 칼질이나 하는 초보 수련생이었다. 먼저 요리대회를 경험한 선배들에게 조언도 구할 겸 술자리를 마련했었는데 그 자리에서 나는 "너는 요리대회는 안 돼.", "상 탈 수 있겠어?", "차라리 다른 걸 해보지 그래?", "그 요리 가지고는 영…." 등등 염려를 가장한 조롱을 받았다. 그 당시에는 굉장히 자존심이 상했지만 조용히 보여주기로 했다.

그 후로 국내 요리대회만 수십 번, 국제요리대회 출전도 십여 회가 넘었다. 나는 사람들이 보았을 때 재능이 없었을 것이다. 하지만 지금 내가 재능이 없다고 말한다면 아무도 믿지 않을 것이다. 셰프는 완성된 사람이 아니라 완성되어 가는 사람 이기에 계속 포기하지 않고 정진해야 한다. 앞으로 살아갈 내 미래 중 어느 순간에 점을 찍어 놓고 지나간 날들을 뒤돌아 보았을 때 후회하지 않게끔 살아가는 것이 재능이라면 재능 이다.

Q1
셰프에 어울리는
적성이 있나요?

먹는 걸 즐기는 사람에게 요리사 직업을 추천하고 싶다. 기본적으로 미식의 행복함을 알아야 메뉴 개발이 즐겁고 또 스스로 발전할 수 있다. 또 만든 요리를 남에게 건넬 수 있는 용기도 필요하다. 음식이라는 것이 100명이 먹는다면 100명에게다 다른 맛이 나기 때문에 최고의 요리라고 해도 비평을 받을수 있다. 상처받아도 의연할 줄 알고 받아들이며 다음을 위해노력하는 사람이면 좋다.

한곳에 오래 서 있어야 하는 직업이다 보니 기본적인 체력을기를 줄 알며 끈기가 있는 성향이면 좋다. 또 일의 대부분을서서 하다 보니 중간중간 잘 쉬어가는 융통성도 중요하다. 리더가 쉬지 않으면 함께 가는 이들도 고달파지기 때문이다.

결국, 셰프라는 직업은 끈기 있고 자기 관리가 철저한 사람이적성에 맞다. 그런데 사실 처음부터 그런 사람이 어디 있을까? 적성이라는 건 천천히 스스로 만들어가는 것이다.

셰프가 맞는
성격도 있나요?

개인적인 생각으로는 딱히 맞는 성격이라는 건 없다. 직장을 다니다 보면 정말 하나같이 다른 성격의 셰프가 있고 또 그 성격에 따라 나오는 음식 스타일과 근무 환경이 달라진다.

업무 강도를 떠나서 어떤 곳은 숨쉬기도 힘들 정도로 엄격한 분위기의 주방이고 어떤 곳은 화기애애한 분위기의 주방이다. 두 스타일 모두 장단점은 있다. 엄격한 분위기의 주방에선 체계적인 조리 방식과 셰프의 근엄, 카리스마를 배울 수 있고, 화기애애한 분위기의 주방에선 동료애와 함께 성장하는 기쁨을 배울 수 있다.

음식 스타일은 급한 성격, 꼼꼼한 성격 같은 셰프 개인의 성격 표현이 아니라 음식 담음새가 어떤지로 유형을 나눠보면 조금 더 재미가 있다. 식자재의 구성요소를 펼쳐서 놓아 각기 다른 맛의 표현을 즐기며 좋아하는 셰프들이 있고 한군데에 모으고 섞어 먹었을 때 맛을 중요시하는 셰프들도 있다. 파스타처럼 러프하고 맛있어 보이게 담는 셰프도 있고 마치 화폭의 그림처럼 색감 있게 담는 셰프들이 있다. 이처럼 다양한 성향이 존재하는 만큼 꼭 맞는 성격은 없다고 본다.

Q3
셰프에게 미각은
필수인가요?

중요한 요소 중 하나이다. 일반인이 음식을 먹었을 때 가장 먼저 평가할 수 있는 것이 염도인데 '짜다', '싱겁다'로 음식의 첫 이미지가 갈리기도 한다. 이처럼 미각이 있다면 염도를 일 정하게 조절할 수 있고 또 상황에 맞게 만들 수 있어 기본 점 수는 받고 시작할 수 있다.

정해진 레시피도 중요하지만 그대로 한다고 해서 매번 똑같 이 나오지 않는 것이 요리이다. 그날의 온도, 습도, 혹시라도 변경될 장소, 냄비의 넓이, 물과 소금의 종류 등등 여러 가지 요소들이 모두 변수로 작용한다. 그땐 요리사의 미각, 그 혀의 기억이 승패를 좌우한다. 평소보다 덥고 습한 날엔 소금을 조 금 더 넣을 줄 알아야 하고, 식자재의 상태를 보며 물을 조절 할 줄 알아야 한다. 레시피를 변경하라는 것이 아니라 이해할 줄 알아야 한다.레시피는 바이블이 아니다. 그래서 경험과 더 불어 혀의 미각이 중요하다.

담배는 줄이는 것을 추천한다. 술은 안 마시는 게 제일 좋다. 젊은 날의 내 미각이 영원하지는 않다. 젊을 때일수록 더 관 리해 경험을 쌓는다면 나이가 들었을 때 그 맛의 기억만으로도 음식을 만들어 낼 수 있다.

미각의 부재를 극복한 요리사도 있다. 미국 시카고 미슐랭 3
스타 레스토랑 ALINEA의 그랜트 애커츠Grant Achatz 셰프는 젊
은 시절 설암혀암에 걸려 미각을 잃었지만 좌절하지 않고 동
료들과 경험에 빗대어 레스토랑을 일궈내었고, 후에 치료되
어 지금도 미국 레스토랑의 살아있는 전설로 계속 역사를 쓰
고 있다.

Q4

미각 외에도
필요한 감각이 있나요?

미각 외 중요하다고 생각하는 건 '디자인적 공간감'과 '컬러감'이다. 완성된 음식은 국밥처럼 터프하게, 파스타처럼 러프하게 담을 수도 있지만 파인다이닝 요리처럼 접시를 활용해 섬세하게 담을 수도 있다.

만약 넓은 하얀 접시에 마치 붓칠하듯 색을 입힌다고 생각하면 주요리가 놓을 중심, 그 중심을 기준으로 부재료들의 감각적인 배치가 마치 화폭의 그림처럼 표현되어야 한다. 접시 중앙에 플레이팅하는 방식은 어렵지 않지만 한쪽으로 치우친 다소 어려운 플레이팅을 할 때는 그 공간감이 절실히 필요하다.

타고난 천재들도 있다. 배우지 않았어도 그 여백의 미를 살릴 수 있는 감각 있는 요리사들도 있다. 하지만 나처럼 평범한 사람들이 이 공감각을 키우려면 무수한 반복과 탐구가 답이다. 새로운 플레이팅을 참고하며 반복하고 나의 색과 나의 요리로 만들기 위해 연습해야 한다. 어느 정도 경험이 쌓이면 미술관이나 전시회장에서 영감을 얻기도 한다. 그때부턴 요리를 그저 접시에 담는 게 아니라 하나의 작품으로 표현할 수 있다.

일하는 데 체력이
얼마나 중요한가요?

깔끔하고 정돈된 조리복, 절제된 동작, 카리스마, 예쁘게 접시에 담는 요리들까지 미디어는 셰프라는 직업의 장점을 너무나 잘 보여주었다. 셰프라는 직업이 예전보다 많이 존중받고 가치가 높아졌지만, 그 이면에 주방 안에서는 여전히 하나의 음식을 만들기 위해 바쁘게 움직이는 노동자이다.

서비스 시간에는 하루 종일 서 있어야 하고 사전 작업도 서서 한다. 큰 업장에서는 동선이 꽤 길어 뛰는 일도 많다. 하물며 식재료들은 얼마나 무거운가. 쌀 한 포대씩 창고로 옮겨야 하고 양배추 한 망씩 어깨에 지고 가야 한다. 옛날 호텔에서 막내로 근무할 적, 요리보단 식자재를 받아오고 정리하는 것이 주 업무였는데 지하 1층 '검품장'부터 36층 주방까지 물건을 실어 나르고 또 1층 연회장에서 음식을 받아와 카트를 끌며 종횡무진 돌아다녔다. 베이커리 업장에 빵을 받으러 갈 땐 다소 왜소해 보이는 여자 선배님들이 밀가루 포대를 어깨에 이고 다니는 걸 보고는 주방엔 남자, 여자가 없고 오직 요리사만 있구나 싶었다.

우리는 몸으로 일하는 사람들이다. 그래서 체력은 중요하다. 물론 경력과 업적이 쌓이면 지금의 나처럼 칼럼, 메뉴 개발, 컨설팅 같은 업무들도 할 수 있지만 그건 지나온 고단한 과정이 있기에 가능한 일이다. 열심히 뛰어다니는 것만큼 빨리 성장하는 건 없다.

Q6
체력을 높이는
노하우가 따로 있나요?

휴식 시간을 최대한 즐겨야 한다. 셰프라는 직업은 다른 직업에 비해 근무 시간이 일정하지 않다. 남들 쉴 때 일하고 남들일할 때도 일할 수 있다. 그래서 휴무일에는 자신을 확실히 리프레쉬 하는 시간이 꼭 필요하다. 운동할 시간이 있다면 정말 좋겠지만, 그 시간을 지켜나가는 건 정말 쉽지 않다. 운동으로 체력을 키워나갈 시간이 안 된다면 기존의 체력이 꺾이지 않도록 스스로 노력해야 한다.

먼저, 흡연은 정말 추천하지 않는다. 예순이 넘는 선배님들과 건강 문제를 이야기하다 보면 폐 쪽 질병을 갖고 계신 분들이 많았다. 흡연뿐만 아니라 가스 불과 연기에 노출되어 있다 보니 기관지 건강이 안 좋아진다. 그 와중에 흡연까지 하면 독에 독을 더하는 격이다.

음주는 필요할 순 있다. 하지만 다음날 근무에 지장이 있을 정도까지 마시면 안 된다. 혀의 감각뿐만 아니라 뇌의 사고까지 무뎌진다. 우리는 몸을 쓰는 직업이지만 그만큼 머릿속 아이디어도 쥐어짜야 하기에 신체적인 체력뿐만 아니라 정신적으로도 피로도가 쌓이지 않게 노력해야 한다.

만약, 조금이라도 여유가 생긴다면 산책을 추천한다. 일할 때는 고개를 숙여 접시를 바라보지만 밖에서는 푸른 하늘을, 멋진 노을을, 선선한 바람과 저 멀리 보이는 뭉게구름을 느껴보며 사색에 빠져보는 것도 좋다.

3

셰프의
부엌

약 5년간의 호텔 생활을 마무리하고 요리대회에 더 본격적으로 도전하고자 요리학원에 취업했다. 그때가 29살이었는데 다시는 호텔에 돌아가지 못할 걸 알고도 선택한 젊은 날의 패기였다. 그 요리학원에서 국제요리대회는 정말 원 없이 도전했던 것 같다. 지금도 하고 있는 후배 양성과 교육의 가치관이 그때 더 확고해졌다. 요리학원에서 부장으로 2년간 근무하고 퇴사한 후에는 창업에 도전했다.

내 첫 부엌은 서울 회기동의 작은 골목길에서 시작됐다. 지금은 사라진 '트라토리아 오늘'이라는 레스토랑이었다. 요리대회에 미친 젊은이의 통장엔 잔액이 넉넉지 않았다. 부모님께 돈을 빌리고 은행 대출을 받아 가게 보증금과 권리금을 마련했다. 인테리어를 하려고 하니 돈 태반이 부족했다. 페인트를 사다가 직접 바르고 동생을 불러 간판을 달았다. 이전에 고깃집이었던 주방은 덕트에 기름 때가 가득했는데, 주방 보수에 쓸 돈이 부족해 직접 청소하느라 반나절이 걸리기도 했다. 그렇게 허름했던 내 첫 부엌이었지만 그 어떤 때보다도 뿌듯했다.

부족했던 집기들은 일하며 하나씩 사들였다. 직원들과 함께 열심히 노력하니 지역에서 꽤 인정받는 음식점이 되어 장사도 심심찮게 되었다. 방송에 나오고 가게 앞에 손님들이 줄지어 설 때부터 내 허름한 주방은 빛나고 있었다. 여름엔 어느 곳보다도 더웠고 겨울엔 발바닥이 시렸던 그 부엌은 나 혼자서 완성한 곳이 아닌 하나씩 함께 만들어간 공간이었다. 그 후엔 꽤 많은 곳을 오픈했다. 내 레스토랑도 있고 다른 이의 레스토랑도 있다. 500만 원짜리 오븐을 살 때는 아직도 덜덜 떨리지만 그래도 그 옛날의 가난했던 기억이 남아 있기에 어떤 조건에서도 최선을 다해 준비할 수 있는 것 같다.

부엌은 어떤 음식을 하나에 따라 동선과 설비를 맞춰야 한다. 모든 설비업자가 그러진 않겠지만 꽤 생각보다 많은 업자가 동선을 고려하지 않는다. 비전문가가 보았을 땐 그럴듯해 보이는데 정작 근무를 하는 이들에게는 주방 동선이 이상하면 그만큼 스트레스가 된다. 파트를 나눌 공간이 된다면 그만큼 개수대를 함께 놓는 것이 좋다. 바닥 트렌치는 냉장고 동선에 걸치지 않게 놓아야 하고 전기배선은 생각보다 쓸 일이 많으니 매립형으로 하는 것이 좋다. 특히 오븐이나 식기세척기 같은 전기가 많이 쓰이는 설비는 미리 전기선을 따로 빼놓아야 한다.

Q1
셰프는 보통
혼자 일하나요?

어떤 업장이냐에 따라 다르다. 일반적으로 총주방장, 이그제 그티브 셰프의 타이틀이 있는 조금 큰 규모의 주방이라면 파트별로 조리사들이 배치된다.

크게 두 파트로 나뉠 수 있는데 에피타이저나 아뮤즈 부쉬, 샐러드를 만드는 '콜드 가드망저 파트', 뜨거운 요리를 만드는 '핫 파트'로 담당 조리사가 임무를 각각 맡아 조리한다. 더 큰 레스토랑이라면 세세하게 분야가 나뉜다다음 질문의 답변을 참고하도록 하자.

셰프는 서비스 시간엔 각 파트마다 올라오는 음식을 손님에게 내기 전 체크 또는 마지막 허브 터치로 마무리하는 작업을 한다. 주방은 실질적으로 혼자 일하기 쉽지 않은 구조다. 해야 할 일이 산더미처럼 쌓여있기 때문이다. 작은 레스토랑의 오너 셰프라면 장 보는 것부터 손님에게 음식이 나가기 전까지 모든 것을 책임져야 한다.

Q2
셰프와 함께 일하는 사람은
누가 있나요?

비교적 규모가 있는 주방이라면 총주방장Executive chef 을 필두로 주방장Chef de cusine , 부주방장Sous chef , 수석조리사Chef de partie , 조리보조Commis , 견습생Stagiare 이 있다.

또 세세하게 소스를 담당하는 조리사 소시에르Saucier , 고기를 굽는 조리사 로티셔Rotisseur , 디저트를 만드는 조리사 파티시에 Patisseur , 전채요리나 차가운 요리를 전담하는 조리사 가드 망저Garde manger 가 함께 일한다. 그리고 주방 외에 홀 지배인, 서버 또는 매니저, 소믈리에, 디쉬 워셔 분들이 항상 있다.

Q3
셰프가 사용하는 도구는
어떤 게 있나요?

셰프가 사용하는 도구는 다음과 같다.

칼

 프렌치 나이프 또는 셰프 나이프는 가장 일반적인 칼로 야채 손질이나 완성 재료의 커팅 등 다양하게 사용할 수 있다. 육류를 손질하는 보닝 나이프, 작은 야채나 과일을 손질하는 페어링 나이프 등 여러 종류의 칼을 용도에 맞게 사용해주는 것이 요리를 잘할 수 있는 첫 단계이다.

도마

식자재에 맞는 도마를 사용하는 것이 좋다. 예를 들어 육류는 빨간색, 가금류는 노란색, 어패류는 파란색 도마를 사용하는 식이다. 이렇게 식품위생법을 고려해 용도를 구분해야 재료의 교차오염을 막을 수 있다. 도마는 적외선 살균기에서 보관하는 것이 바람직하다.

나무 주걱

냄비나 프라이팬에 재료를 볶거나 저어줄 때 사용하는 도구로 바닥을 긁었을 때 쇠의 철분이 나오지 않는 장점이 있으나 수명이 짧다.

롱스푼

간단하게 재료를 볶거나 완성된 재료를 접시로 옮길 때 사용하는 도구로 큰 숟가락처럼 생겼다.

계량컵/계량스푼

계량컵과 계량스푼은 조미료나 밀가루 같은 재료를 계량할 때 사용하는 것으로 수북하기보단 평평하게 깎아 사용해주는 것이 조금 더 일률적인 맛을 내기에 좋다.

온도계

음식 온도를 확인할 때 필요하며 레이저 온도계는 표면 온도를 재는 용도로, 일반 온도계는 재료에 꽂아 내부 온도를 재는 데 사용한다.

냄비

재료를 끓이거나 데칠 때 사용하는 도구로 중탕용 냄비, 스톡용 냄비, 소스용 냄비 등 조리 시간과 용도에 맞는 크기를 선정하는 것이 좋다. 냄비 두께에 따라 열전도율이 다를 수 있어서 천천히 오래 끓이는 요리에는 두꺼운 냄비를 사용해주는 것이 좋다.

프라이팬

재료를 볶거나 구울 때 사용한다. 일반적으로 코팅 프라이팬

을 사용하는데 나는 파스타를 만들 때나 고기를 구울 때는 무
코팅 팬을 사용하는 편이다.

시누아 고운체

소스나 스톡을 거를 때 사용하는 도구로 시누아가 없다면 고
운체를 사용해도 무방하다.

면포 소창

시누아보다 더 곱게 소스나 스톡을 내려주기 위한 도구로 입
자가 고운 소스를 거를 때 사용하면 좋다.

거품기

재료를 저어 거품을 내거나 잘 섞기 위한 도구이다.

믹싱볼 스텐볼

재료를 섞어 주거나 중탕의 소스들을 만들 때 사용
하는 도구로 스텐볼이라고도 한다.

핸드믹서기

재료를 곱게 갈아주기 위한 도구이다.

오븐

재료를 복사열로 익히는 장비로 컨벡션 오븐, 데
크 오븐 등이 있다.

오븐용 스텐 팬

오븐에 들어가는 팬으로 코팅된 팬을 사용하면 좋다. 종이호일이나 쿠킹 포일을 덮어 재료가 들러붙는 것을 방지해 주면 좋다.

사기그릇

사기그릇을 사용해 오븐에 중탕 또는 로스팅하는데, 열전도율이 낮아 오븐에서 꺼낸 후에도 열이 오래 보존된다는 장점이 있다.

스텐 철망

통 고기를 오븐에 구울 때 스텐 트레이나 사기 그릇 위에 스텐 철망을 올려서 고기를 구워준다. 고기의 아랫면까지 골고루 익힐 수 있고, 철망 아래 와인이나 물을 넣고 구워주면 오븐 내 전반적으로 수분이 돌아 고기가 마르지 않아 겉은 바삭하지만 속은 촉촉하게 조리된다.

실리콘 몰드

버터를 굳히거나 테린 잘게 썬 고기·생선 등을 그릇에 담아 단단하게 하여 차게 식힌 다음 얇게 썰어 내는 음식 용 무스를 채워 조리할 수 있는 내열 실리콘 몰드로 다양한 모양이 있다.

수비드 머신

재료를 일정한 온도로 조리하기 위한 도구로 밀폐용지, 배큠 진공 머신과 함께 사용한다. 고가가 아닌 가정용으로도 많이 보급되어 있다.

밀폐용지진공팩

밀폐용지는 시중에서도 쉽게 구할 수 있고 가정용, 업소용이 분류되어 있다. 호환이 안 될 수도 있어 체크해서 구매하도록 하자.

배큠 머신재료를 밀폐시키는 기계

가정용부터 업소용까지 다양한 가격으로 구매할 수 있다. 집에서 사용한다면 너무 비싼 기계보다는 가까운 마트에서도 구할 수 있는 저렴한 가정용을 구매하는 것이 좋다.

랩

재료를 감싸거나 고정하는 용도 또는 용기를 밀봉하기 위해 사용한다.

종이 포일

오븐 팬과 재료 사이에 넣어 주면 재료가 팬에 들러붙는 걸 방지해 준다.

조리용 실

육류를 익히기 전에 실로 묶어 주면 재료의 모양이 변하는 걸 방지할 수 있다.

Q4
조리 시 복장을
꼭 갖추어야 하나요?

셰프에게 조리복은 자존심이다. 항상 정돈되어 있어야 하고 매일 세탁해야 한다. 업장에 따라 허리 앞치마인지 전신 앞치마인지는 달라질 순 있지만 조리모, 조리복, 조리화^{안전화}, 앞치마는 조리 시 필수이다.

조리모는 조리 시에 머리카락 같은 이물질이 들어가는 것을 방지하고 요리사의 직위를 나타내기도 한다. 조리복은 대체로 면으로 된 것을 입는다. 위생적인 면도 있지만 안전 면에서 뜨거운 음식이나 국물을 조리하는 경우가 많기에 혹시라도 몸에 쏟을 시 신속히 탈의해야 화상을 피할 수 있는데 다른 재질들은 물에 젖으면 벗거나 찢기가 어렵기 때문에 면 재질이 가장 많고 안전하다.

조리화는 바닥에 미끄러워지지 않기 위해 마찰력이 높은 재질과 더불어 날붙이들이 떨어졌을 때 방어할 수 있는 재질이면 좋다. 요즘엔 단단한 재질보단 부드러운 소재의 안전화를 많이 선호하는 편이다. 바닥엔 항상 물과 기름이 가득하기 때문에 조리복과 앞치마는 조금 융통성 있게 입을 순 있어도 조리화만큼은 꼭 구비하는 것이 좋다. 예전에는 스카프도 많이 했었는데 스카프의 색상으로 직위를 나타내기도 했다. 특히 스카프는 날카로운 칼에 베였을 때 지혈의 용도로도 사용했다고 한다.

부엌 밖에서
일할 때도 있나요?

물론이다. 준비된 주방 말고도 외부에서도 요리할 때가 있는데 그게 바로 '케이터링 서비스'다. 편하게 이야기하자면 출장 요리라고 보면 된다. 레스토랑 또는 셰프로서 어느 정도 명성이 쌓이면 기업행사, 명품 오픈 리셉션 등 초청 행사에서 요리할 기회가 많아진다.

개인적으로 음식 재료와 도구를 싸서 떠나는 국제요리대회를 자주 가는 편이라 이 출장 케이터링을 좋아하는 편이다. 최적의 상황에서 최고의 요리를 내는 것이 제일 좋지만 악조건의 상황에서 최선의 요리를 내는 것도 셰프의 자질이라고 생각한다.

주방이 아닌 곳에서 조리했던 것 중 가장 기억에 남는 건 태국에 한식 홍보를 하러 갔을 때이다. 그곳의 주방은 거의 노상이라고 해도 이상한 것이 없는 탁 트인 곳이었다. 태국에서도 조금 시골이긴 했지만 풀벌레 소리를 들으며 비빔밥 야채를 썰었던 기억이 난다. 현지에서 구할 수 있는 야채를 사용해 만든 매콤달콤한 비빔밥은 인기가 많았다.

∧ 구찌 케이터링

한국에서는 명품 브랜드 행사의 케이터링을 자주 하는 편이다. 주로 콘셉트에 맞는 핑거푸드나 디저트 개발 의뢰를 받는데 주방에서 기본적인 걸 만들어 간 후 현장에서 조립 또는 간단한 조리만 해 손님께 드리는 방식으로 진행한다. 사실 클라이언트나 음식을 드시는 손님들은 만드는 현장의 열악함엔 크게 관심이 없다. 그러기에 어떤 현장에서도 최선의 결과가 나올 수 있게 동선과 전략을 잘 짜야 한다.

Q6
조리 외 셰프가 하는 일이
또 있나요?

깔끔한 조리복을 입고 불 앞에서 멋진 퍼포먼스를 부리며 깨끗한 접시 위에 준비된 음식을 놓는 사람, 바로 우리가 생각하는 셰프의 모습일 것이다.

하지만 규모가 작은 곳의 경우는 조리 전 식자재 정리, 배치, 물건 구매의 업무를, 조리가 끝난 후에는 설거지, 남은 음식의 전처리, 주방 청소 업무까지 주방의 전반적인 일을 해야 한다. 어떨 땐 깨끗한 조리복이 청소하다가 지저분해지는 일도 빈번하다.

홀 서비스 직원의 일도 대행하기도 한다. 어떤 손님은 셰프와 이야기를 나누고 싶어 하는데, 셰프가 홀 서빙을 하는 일 자체로도 손님에게는 인상적인 서비스가 되기도 한다.

레스토랑 말고도 셰프는 다양한 일을 할 수 있다. 책상에 앉아 의뢰받은 컨설팅 메뉴 개발 업무를 진행하거나 나처럼 칼럼, 에세이 등을 집필하는 음식 칼럼니스트의 일도 할 수 있다. 또 식자재나 조리법을 연구하여 학생들을 가르치는 교육자의 일도 할 수 있다.

낭만 푸드,
라따뚜이

초보 요리사 시절. 음식은 추억에서 나오는 맛이라는 신념을 심어준 스승 같은 영화가 있다. 요리를 사랑하는 생쥐가 재능이 없던 요리사의 모자에 숨어 함께 음식을 만들며 프랑스 최고의 미식가에게 극찬받는 내용의 애니메이션 영화 〈라따뚜이〉이다.

요리사로서 추구하는 나의 신념은 '사람들의 기억에 남는 요리를 하자'이다. 그래서 프랑스 요리를 전공한 내게 큰 고민 중 하나는 '생소한 프랑스 요리를 어떻게 추억으로 남게끔 만들 수 있을까?'였다. 요즘에서야 양식이라고 하면 선택권이 많이 다양해진 편이다. 15년 전만 해도 파스타, 피자, 스테이크, 훈제연어의 요리가 대부분이었다. 누가 만화 영화를 보고 인생의 방향성을 정하느냐고 웃을 수도 있지만, 난 그런 요리사였고 그 당시부터 라따뚜이라는 요리에 대해 공감하기 시작했다.

라따뚜이는 우리나라로 치면 가정집의 김치찌개라고 말하고 싶다. 김치찌개는 개인적인 생각으로는 대표적인 한국의 맛이라고 본다. 한국의 맛이라고 하면 어머니의 맛인데, 그 모든 맛이 집집마다 다 다르다. 지역마다 다르고, 하물며 계절마다 다르다. 라따뚜이가 한국의 김치찌개 같다고 생각한 이유이다. 어머니들의 레시피가 다 달랐고, 지역이나 계절마다 사용되는 야채들이 달랐다. 김치찌개의 베이스가 김치이듯이 토마토가 베이스인 라따뚜이도 지역마다 또는 계절마다 조금씩 달랐다. 나는 라따뚜이가 그런 어머니가 해주는 추억의 맛이라는 생각이 들었다.

처음 라따뚜이를 먹어본 것은 이태원의 프랑스 레스토랑이었는데 촉촉하게 익은 야채가 토마토소스와 버무려져 바게트와 함께 제공되었다. 전채요리로 준비된 라따뚜이는 따뜻하게 준비된 바게트와 대조되게 차가웠다. 빵 위에 라따뚜이를 얹어 한입 베어 물었다. 라따뚜이는 차가웠지만 그래서 빵 위에 올리기가 편했다. 내 인생 첫 라따뚜이는 이태원 한낮의 햇살처럼 이국적이지만 따뜻하게 다가왔다. 라따뚜이가 내 소울푸드가 된 시작이었다.

이후 라따뚜이는 내가 레스토랑을 차리고 제일 먼저 넣은 메뉴가 되었다. 라따뚜이 자체를 사람들이 즐길 수 있게끔, 라따뚜이가 주인공인 메뉴를 만들고 싶었다. 주물로 된 그라탱 그릇에 라따뚜이를 넣어 얇게 썬 야채들을 빙 둘러 주고 허브와 마늘로 만든 버터도 더해 채즙과 버터가 어우러져 토마토의 붉은 기름이 돌게 오븐에 구워주었다. 야채를 다 먹었다면 남은 소스에 빵을 찍어 먹는 걸 꼭 추천해 드렸다. 그렇게 내 요리, 내 방식의 라따뚜이를 지금까지 5년 동안 회기동 골목에서 팔고 있다. 지금은 조심스럽게 기대해 본다. 이제 나의 라따뚜이가 누군가에겐 기억에 남는 음식이 되고 있지 않을까 하는 행복한 상상 말이다.

프랑스의 라따뚜이

라따뚜이는 프랑스 프로방스 지역의 대표 요리다. 토마토와 가지, 양파, 호박 등 주변에서 쉽게 구할 수 있는 식자재를 활용하여 허브와 오일을 넣고 채즙으로만 부드럽게 끓이는 스튜 개념의 요리이다. 작게 손질한 야채 스튜는 메인요리의 가니쉬가 되기도 하고 한 김 식혀 빵 위에 얹어 먹기도 하며 따뜻하게 혹은 차갑게 먹어도 환영받는 요리이다.

라따뚜이는 사실 가난한 음식의 대명사였다. 가격이 저렴한 야채들을 손질해 한꺼번에 큰 냄비에 볶으면 어떤 식으로든 라따뚜이의 맛을 흉내 낼 수 있었다. 지금이야 니스식, 프로방스식 요리라고 하지만 라따뚜이(Ratatouille)의 라따(Rata)는 맛없는 요리, 허름한 식사, 군대식 스튜란 뜻이다. 내 생각에는 맛없고 허름한 요리의 뜻보다 쉽게 구할 수 있는 야채들로 만들 수 있는 편안한 요리란 뜻이 맞지 않을까 싶다.

19세기까지의 라따뚜이는 그랬다. 20세기에 들어서야 우리가 아는 레시피로 정리되었다. 프랑스에선 가난한 집안이라도 전채와 메인, 후식을 나누어 먹는다는 이야기도 있지만, 일반적인 가정에서 매일 육류나 해산물의 미식을 즐기지는 못했으리라 생각한다. 미식의 나라지만 분명 어떤 식으로든지 평범한 한 끼는 있지 않았을까? 그 평범한 한 끼인 라따뚜이는 프랑스 사람들에게 마음속 녹아들어 있는 그런 평범하고 편안한 요리가 되어 주었을 것이다.

구운 연어를 올린 라따뚜이

재료

연어 120g

토마토소스 150g

라구소스 100g

치킨스톡 100ml

가지 1개

주키니 1개

애호박 1/2개

새송이버섯 1개

양파 1/2개

마늘 3알

소금 1ts

후추 약간

버터 1ts

그라나 파다노 치즈 약간

깻잎 페스토

레시피

1 연어는 소금 간을 한 후 팬에 노릇하게 구워준다.

2 가지 1/2개, 새송이버섯 1개, 주키니 1개, 양파는 1/2
   개를 5cm 크기로 썰어준다.

3 나머지 가지 1/2개와 애호박 1/2개를 0.2cm 두께로
   슬라이스 해준다.

4 마늘은 0.5cm 정도로 썰어준다.

5 팬에 버터를 두르고 썰어놓은 마늘, 주키니, 버섯을 먼
   저 볶아준 후 가지와 양파를 넣어준다.

6 야채가 버터에 볶아졌다면 소금과 후추를 뿌려준다. 그
   리고 치킨스톡을 넣어 5분간 끓여준다(야채는 60%만
   익힌다).

7 라구소스와 토마토소스를 넣고 3분가량 더 끓여준다
   (야채는 80%만 익힌다).

8 그라탱 용기에 옮겨 슬라이스 해둔 가지와 애호박을 둘
   러준 후 오븐에 180도로 10분가량 익혀준다.

9 구운 연어를 올리고 그라나 파다노 치즈를 뿌려 마무리
   해준다.

I am a chef

Part 2 꿈을 조리하다

셰프의
과정

도시락 공장부터 특1급 호텔을 거쳐 내 레스토랑을 오픈하게
된 지금까지 누군가에게 내가 먼저 셰프라고 소개한 적이 없
다. 셰프라는 타이틀은 더 많은 경력과 더불어 조금 더 중후
하며 권위적인 직책이라는 생각 때문이다. 나 자신도 부족함
을 알기에 겸손을 제일로 여기며 '김동기 셰프'보단 '요리사
김동기'라고 더 많이 표현했다.

난 셰프라는 단어의 무게를 보통보다 더 무겁게 생각했음이
분명하다. 요즘엔 경력의 유무를 떠나 모두가 셰프라고 칭하
고 다닌다. 하지만 셰프라는 호칭이 가진 무게를 인지하며 서
로를 올려 표현할 때 사용했으면 하는 바람이다.

셰프는 단순히 미식만 책임지는 역할이 아니다. 음식은 사람
의 입속으로 들어가는 것이기에 미식 외 건강과도 직결되므
로 신경 써야 할 것들이 정말 많다. 그런 굉장히 중요하고 많
은 것들이 교육에 의한 습득보단 경험과 반복된 습관에서 자
연스럽게 나올 때가 많기에 스스로가 셰프라고 칭한다면 그
만큼의 지식과 경험과 노하우가 동반되었나를 생각해 보는
것도 중요하겠다.

셰프가 되는 과정을 겪기에는 호텔만큼 재미있는 곳이 없다. 대부분의 큰 호텔에선 역할이 세세하게 나뉜다. 차가운 음식을 맡는 가드망져, 뜨거운 메인 요리를 만드는 메인키친, 연회장 요리를 하는 방켓, 수프나 소스를 끓이는 프로덕션, 육가공을 맡는 부쳐, 빵을 만드는 베이커리 등 많은 업장이 있다.

호텔 근무의 가장 큰 장점은 이 모든 업장을 경험해 볼 수 있다는 것이다. 요리 공부에 대한 목표가 확실히 있다면 호텔에서의 노동보단 배움에 중점을 준 후 부서를 옮겨 다니는 것이 자신의 능력치를 늘리기에 가장 좋다. 물론 호텔도 회사이기에 마음먹은 대로 되지는 않는다. 그래도 앞서 이야기한 것처럼 끈기와 열정을 싫어하는 사람들은 없기에 배움을 갈구한다면 늘 길은 열리기 마련이다.

셰프로 일하기 위해
어떤 과정을 거쳐야 하나요?

두 가지 의미로 해석한다면, 요리사가 되기 위한 과정과 주방에서 주방보조부터 주방장까지 성장하는 과정으로 설명할 수 있다.

먼저, 요리사가 되기 위한 과정은 정확히 정해진 게 없다고 생각한다. 지금이야 조리 전문학교가 많이 활성화되어 있어 진학 후 요리사로 취업하는 것이 일반적이지만 30여 년 전만 해도 조리 고등학교나 대학이 그리 많지 않았고 취업에 딱히 학벌이 중요하지 않았다.

개인적인 생각은 지금도 사실 학교 졸업 여부가 요리를 잘하는 것에 대한 기준점은 아니라고 본다. 학교에서 요리의 기초를 배우고 기본을 탄탄히 하며 교우 관계에서 오는 선의의 경쟁과 만남을 통해 성장할 수 있지만, 요리처럼 개인의 특징이 잘 나타나는 분야는 학교뿐만 아니라 그 외에 어떤 활동이나 공부를 하느냐도 중요하다.

요리사가 되어 막내에서 주방장으로 성장하는 법은 어렵지 않다. 주방에서 일을 배우며 꾸준히 나아가면 된다. 어느 직업이나 그렇듯 반복, 숙련된 기술은 사라지지 않기 때문이다. 하지만 우리 직종은 단순 기술뿐만 아니라 창작열까지 보여 줘야 한다. 그러기에 시간이 흐르면서 얻을 수 있는 경력보단 남들이 하지 않는 것에 대한 도전으로 얻는 업적이 중요하다.

결국, 일을 열심히 하고 요리를 잘하는 건 셰프로서 너무나 당연한 일이기에 그 일들을 다 슬기롭게 해내면서 더욱 성장할 수 있도록 영리하게 계획과 목표를 짜야 한다.

Q2
특별히 요구되는
학력이 있나요?

지금 나 정도 경력이 되면 사실 누구를 만나도 내 학위나 출신 학교를 물어보는 경우는 거의 없다. 어느 레스토랑을 운영하고 어디에서 컨설팅하든 내 이력서의 학위보단 나의 성공업적을 보기에, 요리사로서 학위가 지위나 성공의 척도는 아니라고 생각한다. 하지만 자연스럽게 성장해온 경력을 쌓아가며 얻은 학위는 생각보다 값지다.

조금 우스운 이야기이지만 남들 있는 학위는 나도 있는 것이 좋다. 특히 신입 면접을 볼 때 나의 참모습을 알아주는 이들보단 이력서에 쓰여있는 자격증과 학위가 더 도움이 될 때가 분명히 있기 때문이다. 일례로 일부 특급 호텔들은 초대졸²ᵉ 제 전문학사 학력이 필수인 곳들이 아직 있다.

Q3
꼭 조리 관련 학과를
전공해야 하나요?

요리사가 되기 위해서 꼭 조리학과를 전공할 필요는 없다. 하지만 분명 시작점은 다르고 또 동기들에게 얻는 시너지는 상당히 중요하다고 생각한다. 특히 바쁘게 돌아가는 주방에선 신입신입자을 체계적으로 가르치기에 버거울 때가 있다. 정신 없는 와중에 신입에게 도구 심부름을 시켰을 때 신입이 그 도구 이름을 모른다면 허탈해지기도 한다. 설상가상으로 채썰기도 못 한다면 하늘이 캄캄해진다.

도구 숙지, 기초 칼질 등을 욕 안 먹고 배우기엔 학교만 한 곳도 없다. 기초 교육을 받을 나이가 너무 늦지만 않았다면 체계적인 조리 교육을 받고 함께 성장할 만한 경쟁자와 친해지는 것이 좋다고 생각한다. 우리 직종은 항상 비교당하며 평가받는 직종이다. 그 어느 다른 직업보다도 피드백이 직접적으로 즉시 오며 꼭 좋은 피드백만 받는 것은 아니다. 손님의 악평에 상처받았을 때 동기들의 위로는 때때로 힘이 된다.

조리 관련 학과에서는
어떤 수업을 듣나요?

학교마다 조금씩 다르겠지만 일반적으로는 기초교육으로 시작하여 심화 과정으로 끝이 난다. 기초교육은 우리가 흔히 알고 있는 조리 용어, 칼질, 도구 사용법, 프라이팬 음식 만드는 법 등을 배우는데 그런 과정을 가장 잘 소화할 수 있는 커리큘럼이 바로 자격증 시험이다.

한식, 양식, 중식, 일식, 복어 등의 한국 산업 인력공단에서 진행되는 조리사 자격증은 기초 공부를 하기에 아주 적절하다. 흔히 이 자격증 시험에 나오는 요리들을 경한 시 하는 경우도 종종 있다. 시험 현장에서 직접 다루는 메뉴들은 한정적이지만 개인의 역량에 따라 충분히 응용할 수 있고 또 자격증의 유무는 학창 시절 그 새내기 요리사가 살아온 삶을 조금이나마 증명하기 때문에 학창 시절에 최대한 많이 공부하여 취득하는 것을 추천한다.

심화 과정은 전공을 선택하여 양식, 일식, 중식, 한식 등 자신이 앞으로 취업 후 배우고 일하고 싶은 분야의 요리를 배운다. 학교의 교육과정과 기간에 따라 커리큘럼이 다를 수 있다. 난 정규 학교 수업 외에 하는 동아리 활동을 추천한다. 서로 모여 레스토랑 투어나 요리 토론회, 요리 대회 같은 것에 참가하여 개인의 기량을 최대한 살릴 수 있고 다가올 미래에 대비하여 시야를 넓히는 최적의 방법이기 때문이다.

만약 학교 커리큘럼을 선택해야 한다면 난 프랑스 요리를 하는 요리사로서 제빵, 부쳐 스킬을 배워보겠다. 우리가 요리를 준비하기에 앞서 쌀밥을 앉히는 것처럼 서양 요리에서의 제빵은 꽤 의미가 있다. 기본적인 반죽, 발효에 대해 공부한다면 나중에 어느 곳에서 근무하더라도 많이 도움이 될 것이다. 또 부쳐 스킬은 우리가 아는 정육 기술이라고 생각하면 된다. 고기를 손질하고 숙성하고 보관하는데 식자재를 이해하고 기초를 배우기에 이만한 커리큘럼이 없다. 더 나아가 소시지, 햄, 빠테, 테린처럼 가공육, 샤퀴테리 Charcuterie 를 배워 둔다면 서양 요리를 하는 요리사에겐 든든한 무기가 하나 더 생긴 셈이다.

셰프에게 유학은
꼭 필요한가요?

여건이 된다면 무조건 추천한다. 관련 분야 음식의 나라에 가는 것이 제일 좋다. 또 난 한식을 하는 요리사도 유학을 가면 좋다고 생각한다. 한식이야 우리 삶에 이미 녹아들어 있는데 굳이 유학이 필요하냐고 생각할 수 있지만 한식 자체 음식의 변화보단 그 음식의 표현이 다채로워지고 외국인들에게 보여줄 수 있는 이해도가 더 폭넓어질 수 있다. 앞으로도 한식은 전 세계적으로 계속 인지도가 높아질 것이며 더 대중화될 수 있는 분야이기 때문에 외국인의 시선에서 한식을 풀어내는 것도 중요하다.

양식을 배우는 요리사에게 유학은 더할 나위 없는 기회이다. 나도 20대 초 미국 뉴욕에서 1년이 조금 안 되는 시간 동안 경험했던 음식과 문화가 지금까지도 뇌리에 박혀 많은 영감을 주고 있다. 단 하나 확실히 조언한다면 유학을 가게 된다면 현지에서 최소 5년 정도는 학업과 취업을 진행하길 추천한다. 5년 정도는 있어야 그 나라, 그 레스토랑에서 인지도를 쌓을 수 있는데 추후 한국에 돌아올 것을 생각한다면 그곳에서 직위나 명성을 충분히 쌓아야지만 한국 시장에서 다시 적응할 수 있다. 어디든 텃세가 있고 아직은 살짝 보수적이기도 한 한국 레스토랑 업계에서 어설픈 유학 경력은 오히려 본인에게 괴로움이 될 수 있다.

물론 유학을 가지 않아도 최고의 셰프가 될 수 있다. 해외에서 잘돼서 돌아올 요리사였다면 한국에서도 잘될 것이기 때문이다. 노력은 장소와 환경을 탓하지 않는다. 지금은 온라인상에서 조금만 검색해도 요리에 대한 많은 정보를 얻을 수 있으므로 유학을 가는 것만큼 어학이나 요리 공부를 충분히 할 수 있다. 확실한 것은 남들 일할 때 함께 일하고 남들 놀 때 따로 공부해야 자기가 원하는 셰프의 위치에 빠르게 올라설 수 있다는 것이다.

한국 내 직업 훈련 시설이
따로 있나요?

조리 특성화고는 교육과정과 방향성이 확고하기에 입학과 동시에 직업 훈련을 받는다고 생각하면 된다. 작은 칼질 한 번, 재료 세척 하는 방법 하나하나가 모두 다 현장에서 사용하는 기술이기 때문이다. 우리는 몸으로 일하는 직업이기 때문에 조리 전문대학 역시 수업에서 배우는 실습은 모두 직업 훈련이라고 해도 무방하다.

대학 과정에서는 교내 실습 외에도 산학 실습이라는 제도가 있다. 방학 동안 호텔이나 레스토랑에서 직접 근무하며 실습과 교육을 받는 제도인데 기회가 된다면 이 산학 실습은 계속 나가는 것이 좋다. 짧은 기간이지만 일하고 싶은 레스토랑이나 호텔의 분위기를 알 수가 있고 또 자기가 얼마나 이 일을 좋아 할 수 있는지 파악할 수 있기 때문이다.

나는 대학 시절 한국 최고의 호텔인 S호텔에서 실습을 진행했었다. 기대하고 출근한 그 첫 휴무에 앓아누워 버렸다. 일상처럼 진행되는 고강도의 노동과 집중력, 처음으로 8시간 이상 서서 근무하며 퉁퉁 부은 다리, 너무 많은 힘을 쥔 탓에 저린 팔목엔 매일 파스가 붙어 있었다. 지금 생각하면 이젠 내 일상이지만 그 당시엔 '내가 과연 이 일을 계속할 수 있을까?' 라고 생각했을 정도로 몸이 고되었던 기억이 난다. 하지만 약 한 달 간의 짧은 실습 후, 나는 힘든 일을 끝내고 먹는 맥주 한잔과 땀에 젖은 유니폼의 매력에 흠뻑 빠져 이 길로 가기로 확실히 마음을 굳히게 되었다.

만약 조리 특성화고나 대학에 갈 여건이 안 된다면 호텔 관련 이나 조리 계통 '직업 전문학교'에 가는 것도 하나의 방법이 다. 전문학사 등 학위와 연계된 직업 전문학교도 많기 때문에 학위도 취득하고 현장에 가서 일하며 조리 교육도 함께 받을 수 있다. 또 사설 요리학원에서도 직업 훈련을 진행한다. 학원 은 자격증 위주의 수업이 진행되는데 자격증을 취득하며 배 운 것으로 집에서 자기만의 메뉴 개발을 해보는 것도 좋다.

직업과 관련된 자격증은
무엇이 있고, 꼭 필요한가요?

가장 기본으로 조리 기능사 자격증이 있다. 한식, 중식, 일식, 양식, 제과, 제빵, 복어로 나뉘고 기능사 후에 경력과 학점을 취득 후 조건이 되면 조리 산업기사를, 경력을 더 쌓으면 조리 기능장까지 노력에 따라 더 높은 단계를 취득할 수 있다.

물론 이 자격증이 없어도 셰프가 될 수 있다. 음식점은 자격증이 없어도 문을 열 수 있고 자격증이 요리를 잘하는 척도가 되진 않기 때문이다. 다만 자격증은 그 살아온 삶에 대한 증명이라고 생각하면 좋다. 예를 들어 신입으로 이력서를 제출했을 때 성적이나 면접 점수가 경쟁자와 같은 조건이라면 나에게 유리하게 작용할 수 있는 건 자격증의 유무 아닐까 싶다.

개인적인 생각으로는 기초를 다지기에 조리 기능사만한 건 없다. 시간이 흘러 어느 정도 경력과 명성이 선상에 올라오면 굳이 학벌이나 자격증의 유무는 크게 의미가 있지 않다. 다만 교육자에 뜻이 있다면 경력을 쌓아가며 조리 기능장까지 노려보는 것을 추천한다.

∧ 토마토 플레이트

2 세프로서의 성장

전문학교 졸업 후, 처음 만화가라는 꿈을 포기하고 요리대회에 도전하며 스스로가 무언가 된 것처럼 하늘 높은 줄 모르게 살았다. 그러던 중 학교에서 보내준 실습과 연계된 S호텔 최종 면접에서 떨어지며 방황하다 처음부터 시작하는 마음으로 도시락 공장에서 근무하게 되었다. 단순 반복 업무였는데 앞으로의 생각을 정리하기에 굉장히 좋았던 곳이었다.

학교 다닐 때는 놓치고 몰랐던 것들, 미래에 대한 걱정, 워낙 기대가 컸던 호텔 취업을 못 한 것에 대한 절망감 등을 그 당시에 많이 이겨내고 극복했던 시기 같다. 그래도 그때 요리대회만큼은 포기하지 않았다. 시간이 되면 출전할 수 있는 요리대회를 나갔다. 이직하는 순간에도 어느 요리대회에 출전할지를 염두에 두고 면접 스케줄을 조정할 정도였으니 말이다.

그러다 L호텔에서 근무 제안이 들어왔다. 정규직은 아니지만 분명 기회가 있는 자리였다. 소공동에 있는 그 호텔을 출퇴근하며 호텔리어로서의 자부심을 한껏 만끽했던 거 같다. 왠지 일이 잘 풀리는가 싶었는데 계약직으로 들어갔던 자리는 사실 아르바이트였고 내 나이보다 어린 후배들이 인턴으로 들

어와 정규직으로 발령 나는 것을 보며 쓰린 속을 달랬던 적이
한두 번이 아니었다. 그래도 일을 열심히 해서인지 부서장들
에게는 좋은 이미지로 남았던 기억이 난다.

아르바이트다 보니 근무일도 정해지지 않아 10일씩 근무를
하고 하루 12시간씩 일하기도 했다. 누가 시켜서가 아닌 그저
인정받고 싶은 마음에 임했다. 그러다 어느 새해 첫날 인사과
에서 해고 통보가 내려왔다. 낡은 핸드폰에 그만 나오라는 짧
은 문구 하나가 문자로 와있었다. 다음 주 스케줄도 확정되어
있던지라 부서장에게 전화하니 부서장도 깜짝 놀라 해결해
준다고 연락이 왔다. 다행히 내가 일을 잘했었는지 다시 출근
하는 건 문제가 없었지만 이미 내 마음은 상처받았고, 또 내
인생을 자의가 아닌 타의에 의해 결정된 것이 너무 분했다.

휴가 받은 3일 동안 혼자 부산 여행을 떠났다. 다시 돌아왔을
때 호텔이라는 멋진 울타리에 안주하고자 했던 자신에 대해
반성하고 처음 요리를 시작했을 때처럼 다른 요리사에게 없
는 나만의 매력을 찾겠다고 다짐했다. 그렇게 시작했던 게 바
로 블로그이다. 반년 정도 블로그를 하니 그해의 인기 음식
블로그에 선정됐고, 지금의 네이버 블로거 인플루언서로 활
동하는 계기가 되었다. 호텔에 다니면서 잠깐 멈췄던 요리대
회도 다시 도전했다. 그렇게 2011년 러시아 요리대회 국가대
표팀의 막내로 출전하는 기회가 생겼다. 그렇게 내 삶은 내가
주체가 되기로 마음먹었다.

내가 생각하는 셰프로의 성장은 단순히 시간이 흐름에 따라

오는 '경력' 말고 남들이 따라 하기 어려운 업적을 만들어가는 것이라고 본다. 나 자신이 주체가 된다면 내 요리에 가치관이 생기고 접시에 담긴 내 요리에 자부심을 가질 수 있다. 난 나의 삶을 타인에 의해 휘둘리지 않겠다고 생각한 그 순간부터 호텔이라는 명성, 평생직장이라는 것에 대한 미련을 버리고 자립했기에 지금, 이 순간 조금 나은 삶을 살고 있다고 생각한다.

Q1

셰프의 취업 시장은
넓은 편인가요?

꽤 폭이 넓다고 생각한다. 맛있는 요리를 만드는 인재는 늘 귀하고 새로운 음식점은 계속 생겨나고 있기 때문이다. 나는 책을 쓰고 있는 지금 20명이 넘는 직원이 근무하는 파인다이닝의 총괄 셰프로 근무하고 있는데 크든 작든 능력 있는 인재들이 늘 필요하고 다 각자의 위치에 맞게 충분히 능력을 발휘하고 있다. 또 비스트로, 브라세리, 오스테리아, 트라토리아, 레스토랑, 파스타, 스테이크, 피자 등 양식 음식점 분야만 잠깐 열거해 봐도 일할 수 있는 곳은 정말 많다.

채용 제의가 들어올 때도 있다. 내 경력 정도면 헤드헌팅이 자주 들어오는데 대부분은 거절한다. 자신의 가치와 연봉을 높이며 이직하는 것은 영리하게 보일 수도 있지만 자신의 가치를 착각한 잦은 이직은 셰프로서의 생명을 빨리 소모시키기도 한다. 취업 시장은 넓고 자신을 원하는 곳도 많지만 이업계만큼 입소문이 빠른 시장도 없다.

비단 한국 시장뿐만 아니라 어학 능력이 된다면 해외로 진출하는 것도 어렵지 않다. 이미 외국에도 한식, 한국 셰프들의 인기는 상당하기 때문이다. 요즘엔 이력서를 해외에도 등재할 수 있어서 외국에서 근무하고자 한다면 어학을 준비하고 한곳에서 진득하게 단단한 경력을 쌓는 것도 좋다.

셰프의 취업 과정은
어떻게 되나요?

신입 요리사와 경력직 요리사의 과정을 설명해 보자면 먼저 신입 요리사는 그동안 준비해 놓은 이력서를 잘 정리한 후 인력풀에 등록하거나 일하고 싶은 회사에 이력서를 제출하면 된다. 다른 직종의 기업들처럼 분기별로 직원을 뽑는 경우는 별로 없고 인원 부재 시 충원을 위해 뽑는 경우가 많다.

이력서 제출 후 연락을 받게 되었다면 면접 일정을 잡게 된다. 면접은 당연하지만 단정한 옷차림과 정확한 시간을 지키는 것이 좋다 생각보다 시간 약속을 지키지 않는 사람들이 많아 당혹스러울 때가 꽤 있다. 나는 작은 레스토랑에서 면접을 볼 때도 정장을 입고 갔다. 상대방에게 나의 가치를 높여준다고 생각하기 때문이다.

면접을 잘 보아 근무 일정이 확정되었다면 수습 기간을 거친다. 수습 기간은 여러 방식이 있는데 급여의 몇 %를 제외하고 주는 경우, 비정규직 형태의 수습 등이 있다. 뭐가 되었든 급여가 깎이고 대우가 다르기에 기분이 영 좋지만은 않다. 다만 이렇게 생각해 보면 재밌다. 나 또한 이 레스토랑에서 일하면서 나와 맞지 않으면 언제든 떠날 수 있는 기간이라고 말이다. 그리고 우리가 하는 일들은 누군가의 건강에 영향을 끼칠 수 있는 직업이기에 항상 집중하여 임해야 한다. 그러다 보니 오히려 더 긴장해 실수할 수 있는데 수습 기간엔 실수를 어느 정도 이해해주기도 한다. 그래서 수습 기간은 신입 요리사나 기존의 요리사가 서로 새로운 환경에 적응하는 기간이라고 생각하면 좋다.

경력직 요리사도 그동안의 경력을 이력서에 잘 정리하여 인력풀에 등재 해놓거나 공고하는 회사에 지원한다. 신입과 다른 건 트라이얼이라는 것을 하는데 경력에 대한 증명이라고 생각하면 된다. 파스타를 메인요리로 하는 레스토랑이라면 가게의 재료를 가지고 파스타를 새로 창작하는 시험을 하기도 하고, 파인다이닝에서는 기존 근무자 옆에 자연스럽게 배치해 요리사의 경험과 센스를 가늠해 보기도 한다. 경력이라는 걸 허투루 쌓으면 안 되는 이유이기도 하다.

언제 전문 분야를
정하나요?

내 경험에 빗대어 이야기하자면 처음엔 분야를 정하지 않고 다양한 요리를 모두 접해보는 것이 좋다. 처음 학교에서 요리를 배우게 된다면 분야별로 다양하게 실습할 수 있는데 그때 최대한 많이 경험해 보고 난 후 방향성을 잡는 것이 좋다.

경험을 많이 해보라고 하는 이유는 분야에 선을 긋지 않아야 추후 주방을 책임지는 총괄 셰프가 되었을 때 다양하게 경험했던 분야들의 음식을 서로 접목할 수가 있기 때문이다. 퓨전보다는 컨템포러리라는 분야로 나뉘며 내 음식에 다양한 방향성이라는 양념을 더한다면 완성도 있는 셰프로 성장할 수가 있다.

취업 후엔 다양한 경험을 하기에 제한점이 많다. 잦은 이직은 절대 좋지 않다. 대신 한 곳에서 경력을 쌓으며 급여를 모아 다양한 요리의 클래스를 들으러 다니는 것을 추천한다. 대부분 2년 안에 직업 자체에 대한 확신과 방향성이 정해지는데 그때 전문 분야를 정하면 된다. 하나 팁을 주자면 내가 먹었을 때 내 몸에 제일 잘 맞고 맛있는 요리의 분야이면 더 좋다.

Q4

다양한 요리를 만들 줄
알아야 하나요?

옛날에는 한 가지의 요리나 비슷한 결의 한정된 요리를 내는 오래된 곳을 '노포'라 불렀고 거기서 일하는 분들을 달인이라 칭했다. 한 가지 요리만 잘해서 성공하는 것이 절대 틀린 것은 아니지만 지금 시대는 너무나 빠르게 변해가고 있다. 젊은 세대는 늘 새롭고 자극적인 것을 원하고 또 그에 따른 공급도 빠르게 변화하고 있다.

그때그때 변화를 찾아갈 순 없지만 난 5년 주기로 큰 변화를 줘야 셰프나 레스토랑도 살아남을 수 있다고 생각한다. 다양한 요리를 배워 놓는다면 내가 닦아놓은 길에 새로운 장르를 개척해 나갈 수 있는 여건이 생긴다. 짧게 보면 이것저것 잡다하게 끈기 없이 배운 싱거운 사람이라는 생각도 들 수 있지만, 길게 보았을 때 내 방향만 확실하다면 그 모든 것들이 다 내 것이 되어 프랑스 요리에 자연스럽게 발효간장을 사용할 수도 있을 것이고 볶음밥에 캐비어를 얹는 용기도 낼 수 있다.

그리고 개인적으로 다양한 음식을 배우면 결혼 생활이 편하다. 사랑하는 가족에게 해 줄 수 있는 요리들이 꽤 많아지기 때문이다. 난 프랑스 요리를 전공했지만 콩나물국부터 탕수육, 볶음밥도 잘해서 집에서는 멀티플레이 요리사 아빠이다.

Q5

중간에 분야를
변경해도 되나요?

과감한 결정이 필요할 때가 있다. 2년 미만의 경력이면 걸어왔던 방향에서 되돌리기 어렵진 않지만 5년, 10년이 되면 쌓아왔던 경력이 흔들릴 수도 있다. 같은 양식이라고 해도 이태리와 프렌치는 단어도 조리법도 다르다. 버터를 언제 활용하는지, 오일을 언제 넣는지 등 사소한 것에서부터 다르므로 비슷한 결이라도 디테일과 집중도에서 차이가 날 수 있다. 물론 앞서 이야기한 것처럼 다양한 경험과 분야에 대해 선을 그어 놓지 않은 요리사라면 전문 분야에 대한 변경이 수월할 수 있다.

사실 가장 좋은 건 한 분야에서 업적을 이룬 후 천천히 다른 분야에 발을 걸치는 방법이다. 예를 들어 이미 내가 이 프렌치 분야에서 대가라고 가정했을 때 한식을 만든다면 메뉴의 재해석이라고 그럴듯하게 표현할 수 있다. 물론 자기가 걸어온 길을 변경하는 건 절대 쉽지 않다. 하지만 예상치 못한 상황은 늘 올 수 있으므로 늘 공부의 끈을 놓으면 안 된다.

Q6

손님을 직접
상대하기도 하나요?

너무나 당연하다. 손님과 소통할 줄 아는 요리사가 더 빨리 성장할 수 있다. 오픈 주방 또는 바 형식의 레스토랑은 음식을 직접 건네주며 손님과 직접 소통하기도 하는데 메뉴 설명 외에도 손님의 음식 선호도를 직접 파악할 수 있는 장점이 있다. 단골 유치에도 유리하다.

고급 레스토랑일수록 서비스에 대한 기대감이 높기에 레스토랑을 총괄하는 셰프가 직접 음식을 설명하고 레스토랑을 어필한다면 과연 싫어하는 손님들이 있을까? 우리는 멋진 조리복을 입고 불 앞에서 맛있는 요리를 만들며 권위 있게 주방을 지휘하지만 서비스직이라는 것을 간과하면 안 된다. 손님에게 무조건 맞춰야 하는 건 아니지만 최대한 만족감을 주는 것도 우리의 역할 중 하나이다.

또 손님과의 대화에서도 얻는 것이 많다. 바뀌는 음식의 트렌드와 방향성 그리고 문화에 대한 정보는 주방 안을 벗어나 손님과 소통해야 하는 이유 중 하나이다. 한번은 어떤 식당에 붙어 있는 문구를 보고 나도 모르게 웃음이 나온 적이 있다. '손님이 짜다면 짜다'. 정말 많은 의미가 있는 말이다. 그 가치

관을 어떻게 녹였느냐가 절절하게 느껴지는 말이다. 그 음식
은 분명 짜지 않았을 것이지만 손님이 짜다면 짠 것이다. 내
만족만을 위해서 요리한다면 식당을 할 필요가 없다. 이건 꽤
중요한 가치관이다.

Q7
필수로 할 줄 알아야 하는
기술이 있나요?

여러 가지 것들이 있다. 먼저, 가장 기본이 되며 또 가장 소중히 다루어야 할 주방 칼을 활용한 칼질이다. 슬라이스, 브루누아즈, 다이스, 올리베또 등등 칼로 할 수 있는 기술들이 다양하다. 칼질은 요리를 시작하기에 앞서 가장 기본적으로 숙지해야 하는 기술이다.

다음으로는 불과 친해져야 한다. 고기나 생선을 굽거나 야채를 볶을 때 항상 강불에서만 할 것이 아니라 중불에서 약불로 조절하기도 하고 또 강불에서 타이밍에 맞추어 음식 간을 할 줄도 알아야 한다. 한 번에 여러 개의 프라이팬을 조절하며 타지 않게 완성된 요리를 만들어 낼 줄도 알아야 한다.

그다음으로 중요한 건 플레이팅이다. 음식은 먹기 전 후각과 시각으로 먼저 기대감을 느낄 수 있는데 플레이팅은 후각보다도 먼저 접할 수 있는 최고의 미이다. 플레이팅은 접시에 음식을 먹기 좋고 이쁘게 담아내는 것을 말한다. 물론 먹었을 때 맛이 있어야 플레이팅도 빛을 보니 항상 중요한 건 화려함보다 기본적인 맛의 중심을 잡는 것임을 알아야 한다.

Q8

그 외 다룰 줄 알면 업무에
도움이 되는 기술이 있나요?

조리는 잘 썰고 잘 볶고 잘 담는 것이 근본적인 기술이다. 그 외에 기술은 기술이라기보단 기능이라고 하는 것이 좋겠다. 재료의 원가계산, 수시로 습관처럼 진행하는 정리 정돈, 머릿속 구상한 메뉴를 그릴 수 있는 스케치, 그리고 식자재를 섞어 배합할 수 있는 상상력 등 몸은 항상 썰고 볶고 담고 있지만 머릿속에서 할 수 있는 그런 일 말이다. 셰프도 머리를 상당히 많이 써야 하는 직업임은 확실하다.

3 셰프의
요리

요리사라면 누구나 다 제일 자신만만한 레시피 하나 정도는 가지고 있다. 내 가게를 차린다면 당당하게 밀고 나가고 싶은 시그니처 메뉴 같은 거 말이다.라따뚜이가 내게는 그런 음식이다. 나 같은 경우는 현재 프랑스 레스토랑을 운영하지만 처음 시작은 이탈리아 요리였다. 파스타, 리소토 같은 메뉴들이 나와 결이 맞기도 했고 요리를 상대적으로 늦게 시작한 내게 서양 요리라고 하면 편하게 접하는 음식들이 대부분 이태리 요리였기 때문이었다. 서양 요리를 깊이 공부하면 할수록 프랑스 요리의 매력에 빠지게 되었고 음식의 역사를 공부하게 되었다.

나는 메뉴 개발을 할 때 클래식을 꼭 집어넣는 편이다. 예를 들어 100년 전 조리방식을 활용한 메뉴에 트렌드 한 소스와 플레이팅을 곁들여 모던하게 메뉴 구성하는 것을 즐긴다. 난 이것을 '모던 클래식'이라고 스스로 표현하는데 그 뜻은 옛날의 음식을 지금에 맞게 재구성했다는 것이다.

음식도 패션이나 미술처럼 예술이라고 생각한다. 100년 전 유행했던 옷들이 역사가 되고 그 역사를 기반으로 새로운 패선과 문화가 생겨난다면 음식은 조금 다르다. 미술이나 패션은 보는 것으로 그 역사를 되새길 수 있지만 음식은 먹어보지 못한다면 그 역사의 깊이를 깨우치기가 어렵다. 그래서 난 내 레스토랑에서 그 가치를 손님들께 보여주려고 노력한다. 물론 100년 전에 비해 식자재의 질도, 재료를 보관 유통하는 방식도 훨씬 좋아졌기에 그 당시보다는 표현하기 더 좋아졌다. 이렇게 요리에 자기만의 가치관이 생기면 좋다. 어떤 셰프는 발효를, 어떤 셰프는 비건을, 또 어떤 셰프는 팜 투 테이블을 이처럼 각자가 추구하는 방향에 맞게 음식을 만들고 시도한다면 한두 번의 시행착오조차도 나중엔 좋은 경험이 된다.

지금까지는 내 주 전공이자 내 무기에 대한 이야기이고, 개인적으로는 이태리나 프렌치보단 경양식을 더 좋아한다. 소스를 흠뻑 머금은 돈가스, 육즙이 팡팡 터지는 함박스테이크, 케첩 맛 나는 달콤한 나폴리탄 파스타. 생각만 해도 군침이 도는 메뉴다. 나중 노년에 금전적 제한을 받지 않고 요리를 할 수 있을 때 대중의 평가라는 틀을 벗어나 작은 텃밭을 낀 테이블 5개짜리 아담한 레스토랑을 차려 위와 같은 메뉴들을 하고 싶다. 소시지도 직접 만들고 수제 베이컨을 넣은 샐러드에 텃밭에서 나온 감자로 수프를 만들어 서비스로 드리고 파티시에인 아내가 만든 티라미수에 아이스크림 하나 곁들여 커피 한잔하며 하루를 보내는 꿈을 꾼다.

Q1

요리하는 데 가장 중요하게
생각하는 것은 무엇인가요?

뛰어난 기술, 맛을 낼 수 있는 감각, 화려한 플레이팅 다 중요하다. 그런데 난 조금 더 추상적으로 이야기하고 싶다. 요리사에게 가장 중요한 건 바로 '도덕적 인성'이라고 생각한다. 지각하지 않는 성실함, 몸에 밴 정리 정돈 습관, 지저분한 걸 지나치지 않는 청결함, 상하지 않았다고 해도 오래된 재료는 버리는 양심, 선배에 대한 존경, 후배에 대한 배려 이 모든 것들이 주방 안에서 요리하는 데 가장 필요한 덕목이라고 생각한다.

요리사가 요리를 잘해야 하는 건 너무나 당연한 일이다. 서로의 위치에서 호흡을 맞추며 톱니바퀴처럼 돌아가는 시스템 속 그 밸런스가 깨질 땐 요리사의 기술적 능력보단 서로 간의 반목, 지저분한 위생 상태, 게으름, 불성실한 근태가 문제가되어 일이 불거지는 경우가 많다.

어느 직종이나 이상한 사람들은 있듯이 요리사 중에서도 꽤 많다. 기술적 능력이 아무리 출중해도 술버릇이 나쁘거나 입담이 거칠고 행동거지가 지저분한 사람들한테는 배울 것이 없으니 빨리 벗어나도록 하자.

맛을 결정하는 요인은
무엇이라고 생각하나요?

음식은 레시피라는 기준점을 잡아 맛을 100이라고 가정 할 때 아래로 90, 위로 110 정도 변화는 늘 있기 마련이다. 방금 말한 그 한계선만 지나치지 않는 선에서 레시피를 따르며 요리사의 감각으로 완성된 요리의 맛을 낸다.

특히 양식은 요리사의 손끝에서 맛이 결정 때문에 감각은 굉장히 중요하다. 예를 들어 버터에 연어를 구웠을 때 내부 온도가 55도를 넘어가면 살결이 푸석푸석해진다. 그 한끝이 10초 이내로 결정이 된다면 서비스 속도와 소스를 넘겨받는 시간에 맞추어 음식을 조리하는 스킬과 센스가 필요하다.

음식 맛을 좌우하는
비결이 있나요?

음식은 온도와 염도가 맛을 좌우한다. 어떤 재료든지 그 재료가 가장 맛있어지는 내부 온도가 존재한다. 예를 들어 닭 가슴살은 62도, 닭 다리살은 68도, 연어는 45도, 광어는 50도처럼 재료의 내부 조직이 변화를 일으키며 부드러워지거나 쫄깃해지는데 그 최적의 온도가 맛을 좌우한다.

염도는 소금 간이다. 먼저 내가 사용하는 소금이 어떤 것인지를 알아야 한다. 나 같은 경우는 한주 소금이라는 고운 소금을 사용하는데 첫맛은 짜고 끝에는 살짝 단맛이 도며 깔끔하게 마무리되는 소금이다. 이 소금을 사용하면서 한 꼬집 정도는 다른 소금과 사용해도 크게 상관이 없는 정도다. 그러나 대량 조리를 했을 때 100g, 1kg의 다른 소금과 사용하게 되면 간이 완전히 달라진다. 어떤 소금을 사용하는지, 내가 사용하는 소금의 염도와 맛은 어떤지를 알아야 맛있는 요리를 만들어 낼 수 있다.

또 중요한 건 소금을 넣는 타이밍이다. 일반적으로 스테이크는 마무리 30분 전에 소금을 뿌려주어 내부까지 간이 잘 스며들게 한다. 생선 요리는 5분 전에 뿌려주는데 너무 미리 뿌리면 생선 내 수분이 용출되어 겉면이 말라 식감을 방해한다. 야채를 볶을 때는 처음부터 소금을 넣는 게 아니라 야채가 가열되어 숨이 살짝 죽을 때 넣어준다. 삼투압 작용으로 채즙이 용출되면 약불에서 마저 볶아 야채가 채즙을 다시 머금어 간도 잘 스며들고 야채의 모양도 잘 보존된다.

매일 같은 요리를 하면
질리지 않나요?

질리지 않는다. 같은 요리라도 계속 반복하다 보면 평소보다 더 완벽한 음식이 나오기도 하고 숙련된 요리에서 다음 단계 요리의 아이디어를 얻을 수도 있기 때문이다.

셰프는 창의력을 높이 사는 예술가이기도 하지만 또 한편으로는 맛있는 음식을 팔아 수익을 내는 노동자이기에 같은 맛의 음식을 계속 내는 것도 중요하게 생각해야 한다. 반복된 일상에서 방심은 큰 문제를 일으키기 때문이다. 매일 같은 식자재를 준비하고 매일 아침 재료의 상태를 맛보고 냄새를 맡으며 그 자체를 절대 지겹다고 여기면 안 된다.

가끔 불안할 때는 있다. 너무 오랫동안 메뉴 변경이 없다면 도태되는 기분이 들기도 하고 앞으로 나아가지 못하기 때문이다. 그 불안감은 손님의 평가가 어떨까 하는 걱정까지 들게 하는데 그러므로 다소 힘들더라도 분기별로 메뉴 변경을 해주는 것이 좋다.

플레이팅도
직접 하나요?

규모가 있는 레스토랑이라면 플레이팅은 헤드급 이상의 셰프가 맡아서 한다. 서비스 직원에게 넘기기 전 주방에서 마지막으로 체크하는 역할인지라 책임이 막중한 직책이다. 또 감각 또한 남달라야 하는데 수없이 꽂히는 주문서를 빠른 눈으로 체크하며 손은 계속 움직여야 한다. 그 와중에 "소스!"하고 외치며 뒤통수에 달린 눈으로 다음 주문을 넣는다.

플레이팅은 셰프가 표현할 수 있는 꽃이다. 꽃다발을 받는 기분처럼 플레이팅을 한 내 접시가 손님에게 기쁨으로 와 닿았으면 하는 마음으로 음식을 담는다.

∧ 플레이팅디저트

Q6
요리 연구에 얼마나
많은 시간을 쏟고 있나요?

요리 연구는 거의 일상이다. 머릿속에서 레시피 구상은 사실 글을 쓰고 있는 지금도 머릿속에 스쳐 지나간다. 지금 구상하는 메뉴는 겨울 광어인데 특유의 쫄깃함이 퍽퍽함으로 남는 게 싫어 극한까지 생선을 숙성시키고 저온의 숯에서 천천히 굽는 방식을 상상해봤다. 그 와중에 소금 말고 간장으로 습식 염지를 해보는 건 어떨까 생각하니 벌써 그 맛이 궁금하다.

이렇게 머릿속에 구상이 되면 노트에 적고 스케치를 한다. 그리고 영업이 끝날 무렵에 헤드급 셰프들을 모아놓고 바로바로 테이스팅을 진행한다. 상상했던 메뉴를 직접 만들어 보고 먹어봤을 때 생각대로 딱! 그 맛있는 맛이 나오면 그런 행복이 또 없다.

어느 정도의 경력이 쌓이면 근로 기준에 나와 있는 근무 시간 같은 건 별로 신경 쓰이지 않는다. 그저 만들어 볼 수 있는 재료와 공간이 있다는 것에, 또 연구한 음식이 맛있게 나오는 것이 마냥 즐거울 뿐이다. 메뉴 연구는 정해진 시간에 하는 것이 아닌, 일상처럼 내 삶에 녹아있는 재밌는 놀이이다.

Q7
맛에도
트렌드가 있나요?

맛에 트렌드는 분명히 있다. 여름엔 삼계탕, 겨울엔 굴국밥 같은 것처럼 계절별로 트렌드가 바뀌기도 하고 축구나 야구 경기가 있을 땐 바삭바삭한 치킨과 맥주가 잘 팔리는 것처럼 이벤트성으로 트렌드도 있다.

위 내용이 트렌드라고 이야기하기 어려울 순 있지만 맛이라는 건 꽤 반복적으로 저렇게 돌아온다. 한동안 뜸했던 겨울 붕어빵이 조금 비싼 가격으로 돌아오기도 하고 호불호가 갈리는 평양냉면이 정말 맛있는지 자기 입에 맞는지도 모른 채 유행을 타기도 한다. 막창이나 대창처럼 기름 좔좔 흐르는 재료들이 유행하기도 하고 또 그런 재료에 하고 달콤한 양념을 듬뿍 발라 덮밥으로 먹기도 한다.

음식 트렌드는 패션의 트렌드와 조금 다른 면이 있다. 둘 다 유명인이 먹거나 입었을 때 유행하기도 하지만 음식은 패션보다 더 대중적이고 서민적으로 다가올 때 유행을 탄다. 하지만 결국 맛은 돌아온다. 새롭고 자극적인 맛은 그저 한두 번이면 금방 질리기 마련이다. 그래서인지 반짝한 아이디어로 한창 유명하고 줄을 서서 먹던 곳들이 이내 사라지는 이유이다.

세계 요리대회와 소고기 요리

스포츠에 수영 연맹, 빙상 연맹 같은 단체들이 있듯이 요리 쪽에도 그런 단체가 있다. 'WACS(세계 조리사 연맹)'라고 하는데 요리대회와 봉사활동, 젊은 요리사 양성 프로그램 등 요리사들에 관한 많은 정보를 얻을 수 있고 다양하게 활동할 수 있는 단체이다.

아시아에서는 싱가포르, 홍콩, 말레이시아, 태국 요리대회가 유명하고, 독일에서는 요리 올림픽이, 룩셈부르크에서는 요리 월드컵이 4년 주기로 개최된다. 나는 2011년 러시아 크렘린 요리대회, 2013년 홍콩 호펙스 요리대회와 2016년 IKA 독일 올림픽에서 대한민국 국가대표로 출전한 이력이 있다.

내 첫 WACS 요리대회는 2011년 러시아 모스크바에서 열렸던 요리대회인데, 운이 좋게도 대한민국 국가대표팀 막내로 함께 할 수 있었다. 기회만큼 고생도 함께 왔다. 경력이나 능력에 비해 총무라는 과중한 임무를 받은 것도 있었고, 막내이기 때문에 상하관계가 군대만큼 철저했던 그 시대에 육체적인 피로도 점점 누적되었다. 게다가 호텔에서 나오는 밥은 입에 전혀 안 맞아 굶기 일쑤였다. 아침부터 훈제연어와 빵이 나오는데 스트레스로 뒤틀린 내 위장에 들어갈 리 없었다. 러시아 요리대회는 어떻게 지나갔는지 모를 정도로 힘이 들었다.

요리대회가 끝나고 막간을 이용해 크렘린궁을 구경하고 러시아의 프리마켓을 돌며 관광을 하다가 가이드의 추천을 받은 식당으로 들어갔다. 하얀 벽에 깔끔한 인테리어를 갖춘 그리 크지 않은 레스토랑이었다. 그전까지 러시아에서 먹을 수 있던 음식은 빵과 연어, 약간의 달걀 요리가 전부였는데, 다행히 그 레스토랑은 다양한 메뉴를 갖추고 있었다. 테이블 별로 삼삼오오 모여 여러 요리를 시켰다. 비트로 만드는 수프에 하얀 사워크림이 올라간 보르쉬, 야채와 양꼬치를 푸짐하게 꽂은 샤슬릭, 그리고 감자요리와 고기가 듬뿍 든 스튜가 있었는데, 바로 비프 스트로가노프였다.

보르쉬는 무가 많이 들어간 맵지 않은 김칫국 느낌이 났다. 달큰한 맛에 어쩌면 이질적인 붉은 비트의 색과 그 안에 녹아들던 새하얀 사워크림은 강렬한 인상을 느끼게 해주었지만 내 입맛엔 맞지 않았다. 꼬치구이인 샤슬릭은 가장 인기 있는 메뉴였다. 야채들과 함께 적당한 양의 고기들이 노릇하게 구워 나왔는데 한국에서도 많이 접해본 맛이어서 메뉴를 추가해서 먹기도 했다.

가장 기억이 남는 건 바로 비프 스트로가노프이다. 걸쭉하게 끓인 소고기 스튜에 각종 야채가 들어가고, 우리가 아는 크림이 아닌 살짝 신맛이 나는 크림으로 옅은 갈색의 스튜와 재스민라이스가 함께 접시에 나왔다. 감자를 으깨서 밥과 버무리고 스트로가노프 소스와 또 한 번 버무리니 부드럽고 풍부한 맛이 입안에 맴돌았다. 마치 한국의 갈비찜처럼 따뜻한 맛이 났다. 오랜 시간 끓인 고기와 야채들은 한데 어우러지고 소스는 마치 독특한 하이라이스를 먹는 기분이었다. 길고도 짧았던 러시아 요리대회를 보상받는 시간이었다.

세계의 소고기 스튜 요리

비프 스트로가노프처럼 나라마다 대표적인 스튜(찜) 요리들이 있다. 프랑스의 비프 부르기뇽, 아일랜드의 아이리시스튜, 헝가리의 굴라쉬, 베트남의 보코, 이탈리아의 오소부코 같은 음식들이다.

그중 프랑스의 비프 부르기뇽(Boeuf Brourginon)과 이탈리아의 오소부코(osso buco)는 한국에도 비교적 쉽게 먹을 수 있는 요리이다. 프랑스의 비프 부르기뇽은 와인으로 유명한 부르고뉴 지방의 향토 요리답게 레드 와인에 소고기를 넣고 졸여 육질이 부드럽고 향이 베어 있다. 원래는 농민들이 먹던 대표적인 향토 요리였는데 약 120년 전 왕들의 요리사이자 요리사들의 왕이라 불리는 오귀스트 에스코피에(Auguste Escoffier)에 의해 책으로 정립되면서 대표적인 프랑스 요리로 자리 잡기 시작했다.

대중적으로 유명해진 계기는 미국의 줄리아 차일드 (Julia Child)가 낸 책에 레시피가 소개되면서부터이다. 《프랑스 요리 예술 마스터하기(Mastering the Art of French Cooking)》에서 비프 부르기뇽 요리를 소개했다. 근래에는 조리법도 다양해져서 처음부터 와인에 넣고 졸이지 않고, 마지막에 풍미를 더하는 방식도 쓴인다. 소의 다양한 부위를 활용한 조리법도 많이 나오고 있다.

∧ 이탈리아의 오소부코

오소부코는 이탈리아 밀라노 지방에서 유래된 요리이다. 송아지의 정강이 부위를 화이트와인에 천천히 삶아 만든 요리로 그레몰라타라는 레몬과 파슬리를 이용한 토핑을 얹어 먹었다. 18세기 이후에는 토마토소스를 추가해서 먹게 되면서 지금의 형태와 같은 레시피로 발전하기 시작했다. 서민들이 먹기 편한 음식으로 대량으로 푹 삶은 송아지 정강이 살에 감자요리나 리소토를 넣어 푸짐하게 접시에 담아내었다. 한겨울 이탈리아에서는 난로 위에서 끓고 있는 오소부코 냄비를 보는 것이 흔했다고 한다.

한국의 대표적인 찜 요리는 모두가 다 알듯이 소갈비찜이다. 잔칫상에서 빠지지 않는 소갈비찜은 이미 세계적으로도 유명한 한식 중 하나이다. 갈비라는 부위 자체도 이미 세계적으로 친숙하게 접하고 있는 식자재이기도 하고, 다른 한식에 비해 향이나 풍미가 강하지 않아 부담이 덜하다. 나아가 짭조름하고 달콤한 그 맛에 외국인들도 친근하게 다가갈 수 있는 장점을 가진 음식이다.

115

비프 부르기뇽

재료

부챗살 600g	# 가니쉬
밀가루 1ts	감자 1개
소금 1/2Ts	당근 1/4개
후추 약간	양파 1/4개
건로즈메리 약간	올리브오일 약간
버터 1ts	버터 1Ts
샐러드오일 100ml	소금 약간
양파 1/2ea	단호박 1/4개
당근 50g	파마산치즈
마늘 5알	
건바질 1ts	
레드와인 150ml	
치킨 육수 1L	
토마토 페이스트 1Ts	

레시피

소고기 마리네이드(밑간)

1   소고기는 깍둑썰기해준 후 소금, 후추, 건로즈메리에 마리네이드 해준다.

2   밀가루를 골고루 묻혀준 후 기름을 두른 팬에 앞뒤로 노릇하게 익혀준다.

3   버터를 둘러준다.

미르포아와 소스 그리고 브루기뇽 익히기

1   양파, 당근, 마늘을 곱게 다져준다.

2   냄비에 미르포아(양파, 당근, 마늘)를 볶아 준 후 토마토 페이스트를 넣어 더 볶아준다.

3   레드와인을 넣어 걸쭉하게 향을 내준 후 치킨 육수를 넣어준다.

4   1시간가량 은은한 불에서 끓여준다.

가니쉬 만들기

1   야채들을 한입 크기로 손질해 준 후 팬에서 노릇하게 색을 내준다.

2   브루기뇽이 완성되기 15분 전에 야채들을 넣어 함께 끓여 마무리해준다.

3   파마산치즈와 올리브오일을 둘러 주면 풍미가 더 좋다.

I am a chef

Part 3 꿈을 맛보다

1 셰프
맛보기

사람들이 생각하는 셰프는 어떤 사람일까? 요즘은 셰프에 대한 정보가 많이 오픈되어서 대략 어떤 일을 하고 어떤 위치에 있는지 조금만 관심을 기울이면 알 수 있다. 난 꽤 멋진 직업이라고 생각한다. 하얀 조리복을 입고 섬세한 작업을 하며 아름다운 음식을 담는다. 성공한 셰프는 꽤 높은 연봉과 명성이 따라오며 연예계, 방송, 교육 등 다양한 곳에서 활동할 수 있다. 하지만 어떤 직업군도 그렇듯 화려해 보이지만 그 이면에는 고된 상황이 늘 펼쳐져 있다.

과거 호텔에서 근무할 당시, 조리복을 입은 등이 항상 땀으로 젖어 있었다. 난 연회장에서 근무했었는데 적으면 50명 많으면 500명까지 연회장 손님들을 상대로 요리했다. 내가 하는 일은 요리보단 정리와 부서와 부서끼리의 물품, 음식의 전달이었는데 소공동 L호텔 같은 경우는 부서와 부서 사이의 거리도 상당했기에 정말 발에 땀이 나게 뛰어다녔다.

워크인 냉동고저온창고 안에서 물건을 정리할 때는 한여름에도 오리털 점퍼를 입고 작업을 했다. 몸은 추운데 땀이 나고 그 땀이 또 언다. 참 찝찝하다. 예약이 많이 들어오는 날에는 아침부터 물건 정리하다가 허리가 저린 날이 하루 이틀이 아니다.

주방 덕트를 청소하러 올라갈 때는 행여나 약품이 튈까 봐 전신 무장을 해야 한다. 마치 굴뚝 청소하듯이 온몸에 검댕이 묻기도 한다. 식사 시간을 넘겨 주방 구석에 쪼그려 앉아 컵라면을 먹기도 하고, 술 좋아하는 선배를 만나면 하루의 마지막이 술자리로 끝나기도 한다. 물론 안 가도 되지만 몸이 먼저 움직인다. 고된 하루 끝에서 삼겹살에 소주 한잔이면 그날 받은 스트레스가 다 날아가는 기분이다.

그렇게 대부분의 요리사는 〈극한직업〉 프로그램에 나올만한 일들을 한다. 이 모든 과정을 경험하고 경력을 쌓고 업적을 이루어 가면 비로소 우리가 생각하는 그 '셰프'라는 위치에 올라가게 된다.

^ 쁘띠쁘루

Q1

셰프가 되어 가장 먼저 하는 일은
무엇인가요?

일하고 싶은 곳에 성공적으로 취업했다고 가정해 보자. 막내 요리사로 근무하게 되면 먼저 주방 동선 파악과 냉장고 내의 물건 위치를 확인해 익혀야 한다. 그리고 나서 식재료와 주방도구 등을 정리한다. 처음은 가드망저 부서에서 근무할 가능성이 높고 각종 야채 손질법과 함께 차가운 요리를 배우게 된다.

Q2
셰프의 직급과 역할은
어떻게 되나요?

일단 주방 체계를 들어 직급을 설명하자면 크게 총주방장Executive chef을 필두로 주방장Chef de cusine, 부주방장Sous chef, 수석조리사Chef de partie, 조리 보조Commis, 견습생Stagiare 으로 볼 수 있다.

총주방장은 말 그대로 주방 전체를 총괄 지휘하는 역할이다. 주방장은 주방의 조직과 구성 및 운영을 전반적으로 담당하며, 부주방장은 주방장을 도와 원활한 주방 운영을 책임진다. 수석조리사는 한 부서의 조리장으로서 소스를 담당하는 조리사 소시에르Saucier, 고기를 굽는 조리사 로티셔Rotisseur, 전채요리나 차가운 요리를 전담하는 조리사 가드 망저Garde manger, 디저트를 만드는 조리사 파티시에Patisseur 등등 세세하게 그 역할이 나뉘기도 한다. 조리 보조는 주방에서 일을 처음 시작하는 단계로 주로 기본적인 주방 업무를 담당한다. 견습생은 대다수 관련 학교에서 실습을 나온 학생들로 주방 경험을 얻기 위해 일하는 경우가 많다.

I am a chef

총주방장
Executive chef

주방장
Chef de cusine

부주방장
Sous chef

수석조리사
Chef de partie

소시에르	로티셔	가드 망저	파티시에
Saucier	Rotisseur	Garde manger	Patisseur

조리 보조
Commis

견습생
Stagiare

근무 중
개인 시간도 있나요?

셰프는 막내 때부터 어느 정도 직위가 올라오기 전까지는 개
인 시간이 많지 않다. 근무 시간이 끝나고도 해야 할 일이 많
기 때문이다. 머리로 짜는 레시피 연구뿐만 아니라 손으로
해야 하는 나이프 스킬이나 불과 친해지는 연습을 계속하게
된다.

열정이 있는 요리사는 개인 시간도 적극적으로 활용한다. 경
력이 쌓이면 조금씩 여유가 생긴다. 브레이크 타임이 있는 레
스토랑이라면 중간중간 잠을 자거나 헬스장에 다녀오는 요
리사도 있다. 일반적으로 12시부터 14시, 18시부터 21시까지
서비스 시간에는 쉴 시간 없이 움직이는데 처음엔 다리도 아
프고 종아리도 붓는다. 3개월 정도 일하게 되면 습관이 되고
요행이 생기는데 장시간 오래 서 있는 일을 할 때는 개인 시
간을 이용해 틈틈이 쉬어줄 필요가 있다. 한 가지 조언하자면,
처음 근무를 하게 되면 발이 땡땡 부을 테니 편안한 신발을
미리미리 준비하는 걸 추천한다.

Q4
셰프는
언제 쉬나요?

오너 셰프 즉 대표의 자리에 있는 셰프가 아니라면 우리도 대한민국 노동법에 보호받는다. 5인 이상 업장은 주 52시간 근무와 연차가 지급되고 일반적으로 주에 2회는 쉬게 된다. 물론 사측과 협의해 급여를 더 받고 근무 시간을 조절할 수 있다. 하지만 요즘엔 많은 급여보단 쉬는 날을 선호하는 경우가 더 많아지면서 대부분 레스토랑에서 그 추세를 맞추어 간다.

개인적으로 레스토랑에 고정 휴무일이 있는 곳을 추천한다. 하루를 온전히 쉬어갈 수도 있고 또 직원들의 업무 효율도 좋아지기 때문이다. 근무 시에는 따로 쉬는 시간이 정해져 있지는 않다. 일반적으로 서비스 시간 전후로 조금씩 교대로 쉬었다가 작업을 한다. 물론 서비스 시간에만 일하는 건 아니다. 음식 준비 작업은 매일매일 반복되며 또 서비스 시간에도 같은 작업을 병행하며 일하기도 한다.

∧ 그리에 아뮤즈부쉬

Q5
쉬는 날에는 보통
무엇을 하나요?

개인마다 다르겠지만 나 같은 경우는 가정을 이루기 전엔 외국 요리책이 있는 서점을 찾거나 다른 레스토랑을 방문해 맛보며 공부했다. 가족이 생기면서부터는 쉬는 날은 온전히 가족에게 투자하려 노력한다. 워낙 평일에 이른 출근과 늦은 퇴근을 하기 때문이다.

운동을 좋아하는 셰프들은 축구 모임을 즐기기도 하며 같은 레스토랑 동료끼리 자전거 동호회 같은 것도 진행한다. 나이를 먹어가는 요즘은 막내 직원들에게 쉬는 날 등산이나 가자고 농담을 하기도 한다. 조금 더 이상적인 셰프들은 조리 연구회 모임을 하며 서로의 지식을 공유하기도 하는데 그런 모임은 적극적으로 추천하고 싶다. 해외 유학을 준비하기 위해 어학 공부를 하는 셰프도 많다. 영어 공부는 꼭 했으면 좋겠다. 경력과 명성이 쌓이면 해외 진출의 기회가 늘 오기 때문이다.

세프의
단맛

나의 첫 번째 가게는 반 오픈 주방으로 이루어져 있어 내가 종종 홀 서빙도 도맡았다. 난 손님들을 굉장히 어려워하는 편이다. 손님들의 평가에 하루 기분이 오르락내리락하고 또 개인적으로 그렇게 친화력이 높은 성격은 아닌지라 홀에 있을 때도 유쾌하기보단 진중한 편이었다.

그래도 홀에서 근무하다 보면 주방 안에서는 보지 못한 것들을 볼 수 있다. 어린아이와 처음 레스토랑이라는 곳에 와본 가족, 소개팅 후 첫 데이트 하는 커플, 가끔은 '여기서 왜?' 생각이 드는 맞선 손님, 대학교수님과 함께 식사하는 어려운 자리 등등 많은 것들을 볼 수 있다.

아이가 있는 테이블엔 케첩으로 얼굴을 그린 오믈렛을, 데이트하는 커플에겐 색감 있는 과일 에이드를에이드는 꼭 한 잔이 나가야 하고 색깔이 다른 빨대를 두 개를 꼼아주고 있다, 맞선을 보는 손님들에게는 달콤한 티라미수를, 대학교수님과 함께하는 식사 자리에는 무거운 분위기를 녹일 샐러드를 서비스로 주고 있다. 상황에 맞게 특별히 드리는 거라고 한마디 곁들는데 모두 함박웃음을 지어주신다. 내 음식이 모두를 만족시킬 순 없지만 그 시간과 공간은 만족했으면 하는 마음으로 늘 손님을 응대한다.

요리사 인생에서 가장 힘들었을 때는 바로 2020~2022년으로 코로나 팬데믹이 아닐까 싶다. 요리사로서가 아니라 자영업자로서 가장 힘든 시기였다. 직원들과 빈 가게를 지킨 날이 허다했다. 힘든 날을 버틸 수 있었던 건 내가 행복했으면 했던 손님들이 다시 우리 가게를 찾아와 주었기 때문이다.

그때 그 어린아이는 어느덧 파스타 한 접시를 혼자 먹을 수 있게 컸고, 커플은 몇 번째인지 모르는 기념일을 내 가게에서 맞이했다. 맞선본 손님들은 결혼반지를 끼고 가게를 찾아왔다. 같은 자리에 앉아 같은 음식을 주문했지만 그때의 어색함은 많이 줄어 보였다. 이제 막 졸업한 대학원생은 교수님과 함께 왔던 날을 기억하며 웃으며 이야기하는데 변하지 않는 내 음식을 좋아해 주는 모습에 흐뭇한 순간이다.

단맛이라. 우리 직업에선 기억에 남는 요리를 하는 사람이 되었다는 것만큼 단맛, 꿀맛이 없다. 행복한 시간에, 행복하고 싶을 시간에 내 요리와 내 공간과 내가 생각이 난다는 건 셰프로서 가장 큰 칭찬이고 자랑이다.

일하면서 언제
보람을 느끼나요?

셰프는 단순히 요리, 음식만 만드는 사람이 아니다. 공간을 설계하고 분위기를 주도하며 손님들의 소중한 시간에 미식을 더해 행복하게 만들어 주는 사람이다. 기념일이나 가족 행사가 있을 때 내 레스토랑에서 그들의 행복한 기억이 추억으로 남게 된다면 그보다 더 보람 있는 일은 없을 거란 생각이 든다.

또 잘 성장한 후배들을 볼 때면 보람을 느낀다. 막내 때부터 나에게 요리를 배워온 후배가 나의 요리 색을 닮아가며 자신만의 요리를 만들어 내는 걸 보면 정말 행복하다. 비슷한 듯 다른 그들의 요리에서 또 많은 것을 배울 수 있기 때문이다.

Q2
셰프로서 가장
기분 좋은 일은 무엇인가요?

머릿속으로 상상하고 고심했던 메뉴가 그 상상 그대로의 맛으로 나왔을 때 정말 기분이 좋다. 아무리 경력이 많다 해서 개발한 메뉴가 모두 성공하는 것은 아니기에 생각하지 못했던 맛이나 식감이 나왔을 때 나오는 상실감도 꽤 있다.

또 개발한 메뉴가 손님에게 서비스가 되고 잠깐의 조마조마한 시간이 흐른 후 깨끗하게 비워져서 들어온 접시를 보는 것도 그날 하루가 행복해지는 요소이다.

셰프에게 '맛있다'는 말은
어떤 의미인가요?

우리는 프로다. 한 접시 음식에 가치를 매기고 돈을 받는다. 음식은 당연히 맛있어야 한다는 마음을 가지고 시작해야 한다. 맛에 대한 자부심을 가지되 자만심을 가지면 안 된다. 그래도 맛있다는 말은 언제 들어도 기분 좋다. 물론 모든 사람을 내 요리로 만족시킬 수는 없지만 되도록 모두를 만족을 시키겠다는 마음가짐으로 요리에 임했으면 좋겠다.

Q4
기억에 남는
손님이 있나요?

너무 많다. 내 가게에서 데이트하던 커플이 몇 년 후 아이를 데려와 함께 식사하는 모습, 내 요리를 먹기 위해 제주도에서 비행기를 타고 왔다는 손님, 그리고 가게를 오픈한 날 처음으로 방문해 주신 손님처럼 머릿속에 잔잔하게 남아있는 추억들이 많다. 가게를 하는 입장에선 6개월 만에 방문, 1년 만에 방문일 수도 있지만 손님 입장에서는 마치 어제 온 것처럼 좋은 추억을 가지고 다시 찾아와 준 것이기에 얼마 만에 재방문한 것인지보다 다시 와준 것 자체에 큰 의미가 있다.

가장 기억에 남는 손님은 임산부와 함께 온 가족이었다. 아내분이 명란 파스타를 먹고 싶다고 했는데 시즌이 바뀌어 재료가 없는 메뉴였다. 꽤 멀리서 내 레스토랑 명성을 듣고 오신 분이라 무조건 안 된다고 거절할 순 없었다. 그래서 빠르게 근처 마트에서 명란젓을 구매하여 즉석에서 명란 파스타를 만들어 드렸는데 그 환하게 웃는 가족의 미소가 지금도 잊히지 않는다. 당시 회기동에서 레스토랑을 운영했는데 그 가족은 상봉으로 레스토랑을 옮긴 후에도 아이와 다시 방문해 주셨다. 얼굴이 가물가물해서 기억을 못 했지만 계산하며 건네주신 인사에 하루가 행복했다.

작은 레스토랑을 운영하며 차별점을 두기 위해 나의 레스토랑은 다른 곳에서 먹기 어려운 유니크한 요리를 선보이고 싶었다. 그래서 이태리나 프렌치로 한정 짓지 않고 폭넓게 유러피안이란 카테고리 안에서 요리했다.

그중 '콩피'라는 조리법을 굉장히 좋아했다. 오리 다리살을 기름에 푹 담가 저온에서 천천히 조리하는 조리법으로 그 당시엔 그 요리를 취급하는 곳이 많지 않았다. 하물며 번화가도 아닌 동네 골목길에 있는 레스토랑에선 엄청난 도전이었다. 맛도 맛이지만 콩피라는 클래식한 요리가 주는 기대감과 따뜻함은 꽤 많은 이들에게 사랑받았던 거 같다. 한번은 내가 프렌치요리를 배우며 존경하던 셰프님이 내 레스토랑을 방문해 주신 적이 있는데 이 동네에서 프렌치식 오리 다리 콩피를 먹을 줄 누가 알았겠느냐며 칭찬해 주셨던 것이 기억에 남는다.

또 '라따뚜이'는 내가 가장 좋아하는 요리 중에 하나다. 많이 유명해져서 요즘엔 다들 많이 알지만 처음 이 요리를 내가 선보였을 땐 라따뚜이를 메인으로 파는 곳이 많지 않았다. 라따뚜이는 나의 레스토랑을 전국구 맛집으로 만들어 준 메뉴이자 방송 출연을 하게 해준 메뉴로 방송 후엔 장사가 더 잘되어 내가 하고 싶은 요리들을 더 많이 내게 해주었다.

에그 베네딕트

에그 베네딕트는 잉글리시 머핀을 구워 반으로 자른 후 그 단면에 햄이나 베이컨, 훈제연어 등을 넣고 포치드 에그(수란)를 얹고 달걀노른자로 만든 홀렌다이즈 소스를 뿌려 먹는 미국의 대표적인 브런치 요리이다. 달걀 요리이다 보니 다른 재료들과도 궁합이 잘 맞고 그 자체로도 빵과 함께 또는 샐러드와 먹으면 훌륭한 한 끼가 되기도 한다.

클래식 에그 베네딕트는 잉글리시 머핀, 캐나디안 베이컨, 수란, 홀렌다이즈 소스를 넣어 먹고 그 외에 응용한 비슷한 요리들이 많다. 예를 들어 에그 애틀랜틱은 캐나디안 베이컨 대신 훈제연어를 넣은 것으로 에그 코펜하겐, 에그 로열, 에그 벤자민 등 다양한 이름으로 불리기도 하며 베이컨 대신 시금치가 듬뿍 들어간 에그 베네딕트는 에그 플로렌틴이라고도 불린다. 한때 우리나라에서는 에그 베네딕트에 아보카도를 듬뿍 올려 먹기도 했는데, 어떤 재료를 다양하게 얹어서 먹어도 홀렌다이즈 소스와 노른자의 풍미가 더해져 맛도 두 배로 다양하게 느낄 수가 있다.

전 세계적으로 널리 퍼진 에그 베네딕트는 이젠 우리나라에서도 어렵지 않게 접할 수 있다. 이태원이나 서래마을 등의 브런치 카페에서 쉽게 찾아볼 수 있다. 브런치 메뉴의 특성상 가격이 낮은 편은 아니지만, 커피를 세트로 하여 가성비 있게 판매하는 곳도 상당히 많기에 여유롭게 천천히 브런치 문화를 즐길 수 있다.

빼놓을 수 없는
홀렌다이즈 소스

에그 베네딕트의 화룡점정. 노란빛을 내는 소스가 있다. 바로 '홀렌다이즈 소스'이다. 올랑데즈 소스라고도 한다. 달걀노른자가 주가 되는 소스로 흔히 양식의 5대 모체 소스이다. 요즘에는 모체 소스라는 개념을 넘어 너무나도 다양한 소스들이 많아졌지만, 기본적으로 홀렌다이즈 소스는 다른 어떤 소스보다도 많이 사랑받고 있다고 생각한다.

홀렌다이즈 소스는 에그 베네딕트 같은 달걀 요리뿐만 아니라, 구운 생선이나 닭고기 같은 요리에도 굉장히 잘 어울린다. 소스를 얹고 윗면에 열선이 있는 살라만더 그릴이나 토치로 불을 쏴 그을리면 노릇하게 갈색으로 익는데 그 색감은 식욕을 절로 돋게 한다.

I am a chef

재료

달걀 2개

물 1.5L

식초 30ml

소금 1ts

잉글리시 머핀 또는 식빵

베이컨 또는 햄

홀렌다이즈 소스 재료

달걀노른자 1개

화이트와인 100m

양파찹 10g

파슬리 줄기

레몬즙

정제버터 50ml

설탕 조금

소금 조금

레시피

1   소금을 넣은 물이 끓으면 식초를 넣어 주고 보글거리는 온도로 맞춰준다.

2   물을 살짝 회오리치게 만들고 달걀을 깨서 천천히 익혀 포치드에그를 만들어준다.

3   약 3분 정도 익히면 반숙보다 덜 익은 달걀이 나온다.

4   베이컨과 빵은 구워준다.

5   빵 위에 베이컨을 올리고 포치드에그를 올려준다.

6   홀렌다이즈 소스를 올리고 마무리해준다.

홀렌다이즈 소스 레시피

1   화이트와인과 파슬리 줄기, 양파찹(다진 양파), 소금과 설탕을 넣고 양이 반으로 될 때까지 졸여주고 식힌다.

2   1에서 만든 식힌 화이트와인 리덕션을 믹싱볼로 옮겨준 후 달걀노른자를 넣어준다.

3   중탕으로 강하게 휘핑을 해주어 사바용 소스(Sabayon Sauce)를 만들어준다.

4   농도가 나오면 중탕냄비에서 꺼내 준 후, 정제버터를 넣어가며 홀렌다이즈 소스를 완성한다. 레몬즙으로 풍미를 더해줄 수 있다.

2 　셰프의
　　　쓴맛

어느 직업이나 성공하기 위해서 투자하며 포기해야 하는 것들이 있다. 바로 '시간'이다. 시간은 누구에게나 공평하게 나누어 지지만 누구나 다 공평하게 활용하는 것은 아니다. 타고난 재력가가 아닌 이상 삶을 영위해 나가기 위해서 무언가 일을 해야 하고 우리 직업은 그 어느 분야보다도 근무 시간이 유동적이다.

나는 결혼해서 가정을 꾸리기 전까지는 꿈을 향해 앞뒤 안 보고 달렸다. 레스토랑에서의 삶과 팀원들이 세상에 전부라고 생각한 적도 있다. 그러다 보니 놓치는 것들 또한 많다. 부모님과 많은 시간을 보내지 못했던 20대, 더 많이 여행 다녀 보지 못했던 나날들, 한 번도 쉬어 보지 못한 크리스마스 같은 것들 말이다. 셰프라는 직업은 그 많은 것들을 어느 정도는 내려놓아야지 성공할 수 있다.

우린 남들이 일할 때 일하는 사람이고 쉴 때는 더 일하는 사람이다. 이런 걸 서비스인 마인드라고 한다. 가끔 이 직업의 화려함에 묻혀 본분을 잊는 요리사들이 많은데 우리는 서비스직이기에 타인에 편의와 즐거움을 주기 위한 직업임을 잊으면 안 된다. 요리사라는 직업을 깎아내리는 게 아니다. 문화적으로 더 성장하면 그 시간을 즐기는 서비스라는 것에 끝나지 않고 오래 기록되는 예술로 승화되기 때문이다.

개인적인 생각으로 아직 한국 외식 문화는 조금 더 발전해야 한다. 먹는 이들은 평가와 폄하가 아닌 약속과 배려의 문화가, 만드는 이들에게는 먹는 이들에 대한 존중과 스스로 갖는 자부심, 새로운 요리에 대한 탐구심과 도전 정신이 더 깃들어야 한다고 생각한다.

셰프는 늘 평가받는 직업이다. 그리고 그 평가가 어느 직업보다도 빠르고 직설적으로 다가오는 직업이다. 손님의 평가에 마음의 상처를 받는 일도 부지기수다. 내 음식이 최고는 아닌지라 이해는 하지만 인격적으로 비난받을 때는 정말이지 이 직업이 쉽지 않다고 여겨진다.

예전 자칭 평론가라는 이가 나의 레스토랑에 찾아온 적이 있는데 온갖 트집을 다 잡으며 SNS상에서 날 비난한 적이 있다. 내 요리와 레스토랑을 비난하는 것은 마음이 아프지만 그 사람에게 안 맞을 수 있다고 생각하면 이해할 수 있다. 하지만 없는 시간을 쪼개가며 학생들을 가르치는 것에 자부심이 있던 나를 비난하는 건 참기 어려웠다. 이런 음식을 하는 사람이 학생들을 가르친다는 것을 이해할 수 없다는 식의 글은 지금도 마음에 상처로 남아있다.

아무리 굳센 마음을 가져도 계속된 난도질에는 상처 입기 마

련이다. 100명의 손님이 있다면 100명을 다 만족시킬 순 없
다. 하지만 우린 그 100명을 다 만족시키려는 노력에 늘 임해
야 하는 직업임을 잊으면 안 된다.

Q1

셰프로서 힘든 점은
무엇인가요?

몇 가지 예를 들 수 있다. 개인적으로 육체적 피로함은 일시적이다. 이 직업의 가장 힘든 점은 창작의 고통이다. 내가 하는 프랑스 음식만 하더라도 요리의 왕 오귀스트 에스코피에 Auguste Escoffier 가 집대성한 지 200년이 넘는 역사가 있다. 이미 나올만한 요리들은 다 나왔고 어느 분야에서나 천재들은 항상 존재하기에 새로운 레시피를 창조하는 것이 제일 힘들고 어렵다.

1인 레스토랑이 아니면 우리도 단체 생활과 또 팀워크가 제일 중요하기에 사람과의 관계가 가장 어려울 때도 있다. 한 접시의 음식을 완벽하게 내기 위해선 개인의 이기심을 버리고 자신의 위치에서 최대한 정진하는 것이 좋다.

Q2
셰프가 겪는
직업병도 있나요?

나는 담배를 피우지 않지만 요리를 시작하고 10년 후부턴 환절기만 되면 기관지가 안 좋아지는 걸 몸으로 직접 느끼고 있다. 가스 화구에서 나오는 유독성 물질에 지속적으로 노출되다 보니 눈도 건조해지고 아침저녁으로 기침을 달고 산다.

30년 이상 경력의 선배님들도 기관지 관련 질병을 겪고 있다는 안 좋은 소식을 간간이 전해 듣기도 한다. 요리사로서 위생 면에서 담배를 피우지 않아야 하는 것도 있지만 개인의 건강을 위해서라도 금연을 하길 바란다. 이러한 이유로 나는 새로 오픈하는 업장은 되도록 가스 화구보단 전기 인덕션 레인지로 변경하고 있다.

Q3
위험한 조리도구를 다루다
다치면 어떻게 하나요?

주방엔 항상 응급 상자가 배치되어 있다. 날카로운 것들과 불 앞에서 조리하므로 항상 위험에 노출된 것이 사실이다. 이에 따라 다치는 일들도 왕왕 있기 마련이다.

사실 칼질을 하다 손을 베이는 일은 생각보다 많이 일어나지 않는다. 잡생각을 하다가 손끝 정도를 베이는 게 다인데 그것도 막내 때나 일어나는 일이다. 아이러니하게도 설거지를 하다가 손을 많이 베인다. 믹서기 날이나 개수대에 누군가 실수로 넣어놓은 칼을 보지 못해 손을 베는 경우다.

칼을 사용하다 보면 놓쳐 바닥에 떨어지기도 하는데 절대로 떨어지는 와중엔 칼을 잡으면 안 된다. 떨어지는 칼을 그냥 포기하고 바닥에서 줍는 게 맞다. 일례로 떨어지는 칼을 무의식적으로 허벅지로 받으려다 크게 다친 걸 본 적 있다. 살짝 베인 상처는 밴드를 붙여 개인적으로 치료하는 편이다. 다만 근육이나 신경까지 깊게 베일 수도 있는데 마디 부위나 힘줄 부위에 깊은 상처가 났다면 꼭 병원에 가서 치료받아야 한다. 우직하게 버티다 손가락이 잘 굽혀지지 않는 이들도 많이 봤다.

우리 직업에서 가장 위험한 건 바로 화상이다. 사실 화구에 피어오르는 불 때문에 당하는 부상은 거의 없다. 팬이 과열되어 물이나 기름이 튀는 것만 조심하면 불 자체에 직접적으로 데지 않는다. 화상은 대부분 오븐에서 꺼낸 오븐 팬을 무의식적으로 잡거나 과열된 팬의 손잡이를 잡아 입게 되는데 항상 마른행주를 준비하고 정신을 바짝 차려 다치지 않도록 하자.

Q4
불을 무서워해도
셰프가 될 수 있나요?

극복해야 한다. 불을 적게 쓰는 요리가 있어도 아예 쓰지 않는 요리들은 없다. 그리고 불은 무서워해야 하는 게 맞다. 사고는 한순간에 일어나기에 늘 긴장한 채 요리를 해야 한다. 불 앞에서 자만하는 요리사는 실수하기 마련이다.

만약 불을 사용하는 게 조금은 어렵고 두렵다면 음식을 꼭 강한 불에서만 할 게 아니라 중불에서 충분히 예열된 팬으로 천천히 조리하거나 오븐을 활용해 요리하는 것을 추천한다. 강한 불에서 맛있어지는 요리들이 있다면 중불에서 맛있어지는 요리들도 많다. 하지만 이런 것도 임시방편일 뿐 궁극적으로는 불을 극복하고 불을 사랑할 줄 알아야 원하는 요리를 만들어 낼 수 있다.

∧ 치킨 발로틴

Q5
손님에게 컴플레인을
받을 때도 있나요?

수시로 받는다. 음식이라는 것이 굉장히 주관적이기 때문에 모른 사람의 입맛을 맞출 수 없을뿐더러 고급 레스토랑일수록 기대치가 높기 때문에 음식의 맛뿐만 아니라 서비스나 공간에 대한 부분도 충족시켜줘야 한다.

음식의 맛이 평균 정도가 되고 일정 이상의 서비스가 이루어진다면 손님 대부분 만족을 한다. 하지만 애초부터 화가 난 상태에서 가게에 방문해온 손님들에게는 어떠한 맛과 서비스를 해도 컴플레인을 받는다. 화가 왜 났는지는 나도 모른다. 레스토랑에 들어오기 전 어떤 일들이 있었는지 알 방법이 없지 않은가. 그럴 때는 먼저 우리의 잘못이 있는지 한번 돌아본 후 그냥 마음을 내려놓는 게 편하다.

또 이물질이 접시나 음식에 들어가 발생하는 컴플레인도 있다. 사람이 하는 일인지라 조리모를 쓰고 아무리 꼼꼼하게 일을 해도 머리카락이 접시 위에 떨어질 수 있다. 최대한 체크하고 나가기 전까지도 확인해야 한다. 만약 이물질 컴플레인이 걸린다면 누가 실수를 했고 우리의 머리카락이 아닌 거 같다는 둥 범인을 물색하기에 앞서 손님께 사과해야 한다.

셰프가 받는 스트레스는
어떤 게 있고 어떻게 해소하나요?

스트레스는 늘 있다. 높은 자리에 올라갈수록 그 스트레스의 범위도 굉장히 커진다. 가장 먼저 오는 스트레스는 '매출'이다. 내 가게라면 생존의 문제이고 고용된 입장이라면 실적의 문제다. 매출 압박은 늘 있기 마련이다. 이건 방법이 없다. 그냥 더 열심히 새로운 메뉴를 개발하고 최대한 열정적인 마케팅으로 극복해야 한다.

다음으로 큰 스트레스는 바로 '사람'이다. 어딜 가나 인재들이 있고 또 둔재들도 있다. 능력적으로 인재와 둔재를 기용하는 건 문제가 안 된다. 각자의 위치에서 분명 장점이 다 있기 때문이다. 가장 힘든 유형은 피해 의식이 있으며 거짓말을 자주 하며 서로의 말을 옮기는 이들이다. 내 경험상 8명 이상의 업장에서 꼭 한 명은 있었던 거 같다. 스트레스를 해소하는 것도 결국 사람이다. 일과 후 가지는 작은 회식이나 운동은 단단한 팀워크를 유지해주기도 한다 요즘엔 회식이 필수가 아닌지라 간단하게 편의점 맥주를 마시며 이야기 나누는 것도 꽤 도움이 된다.

난 가끔 이 모든 스트레스를 배움으로 풀기도 한다. 완전 다른 분야의 쿠킹 클래스를 들으러 간다든지 다른 레스토랑에 방문해 음식에 깊이 빠져들기도 한다. 아이가 있는 지금은 휴무일에 가족들과 나들이 가는 것 자체만으로도 스트레스가 풀리기도 한다.

관자 팬시어링

재료

 # 관자

가리비 관자 2개

무염버터 120g

식용유 30ml

바질 약간

후추 약간

 # 컬리플라워 퓌레

컬리플라워 300g

우유 450ml

버터 15g

소금 약간

설탕 약간

생크림 15ml

 # 홀렌다이즈 소스

달걀노른자 1개

화이트 와인 150ml

파슬리 약간

양파 15g

레몬즙 약간

정제 버터 50ml

소금 약간

레시피

 # 버터에 구운 관자

1   오일을 두른 팬에 열을 가하고 온도가 올라오면 수분기를 제거한 관자를 넣어 한쪽 면을 구워준다.

2   버터를 넣어 준 후 버터가 색이 나기 전에 아로제(arroser)를 해주며 약 1분간 조리해준다.

3   바질을 넣고 버터가 갈색이 되고 향이 올라오면 뒤집어준 후 후추를 뿌려준다.

 # 컬리플라워 퓌레

1   컬리플라워는 잘게 썰어 준 후 냄비에 버터를 두르고 볶아준다.

2   컬리플라워에서 고소한 향이 나면 소금과 설탕을 넣고 조금 더 볶아준다.

3   우유를 넣고 끓여주다 컬리플라워가 익으면 건져준 후 농도를 보며 생크림을 넣고 곱게 갈아준다.

 # 홀렌다이즈 소스

1   화이트와인 리덕션 만들기
– 화이트와인에 파슬리, 양파, 소금을 넣고 천천히 끓여준다.
– 반으로 줄면 체에 걸러준 후 식혀준다.

2   사바용 소스 만들기
– 차갑게 식은 화이트와인 리덕션을 믹싱볼에 옮겨 노른자를 넣어준다.
– 넓은 냄비에 물을 끓이고 믹싱볼을 올려 중탕으로 휘핑을 해준다.
– 빠르게 8자로 휘핑을 해주며 거품이 일게끔 하고 그 부피감을 유지하며 노른자를 익힌다.

3   마무리
– 중탕냄비에서 꺼낸 후 믹싱볼을 고정하여 정제버터를 천천히 넣어 휘핑해준다.
– 레몬즙을 넣어 풍미를 더해준다.
– 부피감은 살짝 줄었지만 소스가 크리미해지고 광택이 난다.

재료

생선

광어(가자미) 100g

새우 50g

생크림 10ml

소금 약간

딜 약간

레몬 제스트 약간

감자 30g

버터 1ts

밀가루 약간

뵈르 블랑 소스

버터 100g

화이트와인 100ml

화이트와인식초 15ml

샬럿 30g

소금 약간

백후추 약간

설탕 1/2ts

레몬즙과 레몬제스트 약간

레시피

생선구이

1 새우는 생크림을 넣고 곱게 갈아준 후 다진 딜과 레몬 제스트를 섞어준다.

2 광어에 새우 무스를 채우고 소금 간을 한다.

3 광어 위에 밀가루를 뿌리고 슬라이스한 감자를 올려준다.

4 랩으로 감싸 준 후 50도 온도에 20분간 수비드 해준다.

5 팬에 버터를 두르고 감자를 붙인 면으로 생선을 굽고 아로제를 해준다.

뵈르 블랑 소스

1 화이트와인 리덕션 만들기
  – 냄비에 화이트와인, 화이트와인식초, 다진 샬럿, 소금, 설탕과 백후추를 넣고 약한 불로 끓여
  준다.
  – 자작하게 거의 없다 싶을 때까지 뭉글하게 졸여준다.

2 버터 몽테 만들기
  – 불에서 냄비를 떨어트려 준 후 버터를 조금씩 넣어 주며 휘핑기로 휘저어준다.
  – 버터가 충분히 녹으면 불에서 살짝만 끓여준 후 고운체에 거른다.

3 마무리
  – 약간의 레몬즙과 레몬 제스트를 추가하면 풍미를 더해줄 수 있다.

버섯 콘소메

재료

콘소메

양송이버섯 300g

포르치니버섯 50g

물 2L

무염 버터 30g

소금 1ts

플랑 가니쉬

달걀 1개

생크림 10ml

양송이버섯 1ea

느타리버섯 30g

백만송이버섯 10g

완두콩 10g

양파 10g

버터 1ts

엑스트라 버진 올리브오일 약간

레시피

콘소메

1   포르치니버섯은 물 500ml에 넣어 불린다.

2   냄비에 버터를 두르고 슬라이스한 양송이버섯을 넣고 볶아준다.

3   양송이버섯에서 채수가 나오면 소금을 넣어 준 후 물에 건져 다진 포르치니버섯을 넣어준다.

4   포르치니버섯 우린 물을 넣고 반으로 졸여지면 물 1.5L를 넣고 끓여 1L로 졸인다.

5   고운체에 걸러 준 후 간을 한다.

플랑 가니쉬

1   달걀을 풀어 다진 양송이버섯과 느타리버섯, 양파를 섞어준다.

2   생크림을 섞어 준 후 소금 간을 하고 몰드에 넣어 중탕 또는 랩으로 감싸 5분간 쪄준다.

3   팬에 버터를 두르고 백만송이버섯과 완두콩을 볶아준다.

I am a chef

Part 4 꿈을 꿈꾸다

1 세프의
현실

요리사는 연봉이 높은 직업은 아니다. 막내 요리사 같은 경우는 그 해의 시급이 어떠하든 간에 최저시급으로 책정되는 경우가 허다하다. 지금은 시급이 1만 원 가깝게 되는지라 법정 근로시간을 준수해도 200여만 원의 급여를 받을 수 있지만, 몇 년 전만 해도 120만 원 선에서 책정되기도 했다. 지금 생각해도 적은 편이다. 나도 그보다 훨씬 적은 급여를 받고 일했다.

근무 시간 또한 처참하다. 조금만 더 해야지가 한 시간이 되고 두 시간이 된다. 해야 할 일들이 눈앞에 있는데 퇴근 시간을 지켜가며 일할 순 없었다. 이 당연한 걸 왜 지키지 못했을까? 나뿐만 아니고 대부분 요리사는 왜 그럴까? 우리는 단순한 직장인이 아닌 기술을 배워야 하는 장인이기 때문이다. 시간을 투자해야만 얻을 수 있는 것이 있다. 천 번의 재료를 썰어보고 만 번의 프라이팬을 돌려야지 얻는 것이 있다. 교과서를 통해 지식을 배울 수도 있지만 어떨 때는 무협만화처럼 "아!" 하고 한순간에 깨달음을 얻을 때도 있다. 우리는 반복된 일을 통해 완성도를 더해가는 장인이자 새로운 것을 추구하는 예술가이다.

요리사는 평생 배우는 직업이다. 죽기 직전까지 새로운 것을 배울 수 있다. 요리는 그 어떤 분야보다도 창의적이고 다양하며 같은 음식이라도 먹는 사람에 따라 천차만별로 달라진다. 요리사는 그런 직업이다. 하지만 우리도 사람이다 보니 타협할 때가 온다. 내 가족 때문에, 급여 때문에, 여가 때문에 그저 스스로의 삶 때문에 처음의 두근거리는 마음과는 달라질 때가 온다. 난 그게 잘못되었다고 생각지는 않는다. 다만 우리는 나이를 먹으면, 체력이 떨어지면 힘들어지는 직업이다. 젊은 날 선택한 타협 때문에 미래의 어느 날 자의가 아닌 타의에 의해 휘둘리기도 한다.

마지막 호텔에서 근무할 적에 아버지뻘 되는 과장님이 있었다. 내 관점에서는 참 열심히 하시던 분이었는데 어느 날 주방이 아닌 설거지 부서로 발령이 났다. 그 과장님은 한 달을 더 버티다 그만두셨다. 그 당시 가십거리에 별로 관심도 없었고 내 일도 바쁜 와중이었지만 꽤 큰 충격으로 다가왔다. 요리사가, 그것도 주방장이 저렇게 퇴사하기도 하는구나 하고 말이다. 그 후로는 호텔이라는 어쩌면 대기업이란 곳이 평생직장이 될 수 없겠다는 생각이 들었다. 평생을 셰프로 살다가 한 달 동안 설거지를 하며 버티다 그만둔 그분의 심정을 이제는 이해할 수 있다. 가족이 있었을 것이고 자식이 있었을 것이다. 아빠이기에 직장을 함부로 그만둘 수 없었을 것이다.

내가 그 상황을 보며 느낀 건 우리는 안주하면 안 되는 직업이라는 것이다. 요리사로서 개인의 주관을 펼치고 자신의 요리를 세상에 알리고 싶다면 안주하는 길을 걸으면 안 된다. 자신이 선택할 수 있는 상황을 만들고 그 가치관을 존중받는 곳에서 일하길 바란다.

셰프의 정년은
언제까지인가요?

회사에서 정년이라면 노동법에 나와 있는 것과 같다. 만 60세가 되면 정년퇴직을 하는 것 같은 거 말이다. 하지만 퇴사 후에도 작은 곳의 레스토랑에서 일할 수도 있고 또 내 가게를 차릴 수가 있다. 힘닿을 때까지 자신의 의지만 있다면 일할 수 있는 게 또 우리 직업이다.

개인적인 생각으로는 정년이라는 건 없다. 다리에 힘이 풀려 못 일어날 때까지 요리하고 싶은 마음이 아직도 가득하다. 그래도 정년이라는 기준을 잡아야 한다면 난 금전적 자유에서 헤어 나올 때가 아닐까 싶다. 일로써 일하는 셰프가 아닌 정말 즐겁게 요리하는 셰프 말이다.

요리를 사랑하는 마음에 직업으로 선택했지만 직업은 생업으로도 연결이 된다. 무협만화에 나오는 것처럼 홀로 떠돌아다니며 요리할 생각이 아니라면 말이다. 가정을 이루고, 부모님을 모시고, 집도 사고, 여가도 즐겨야 하는 보통 사람의 삶 또한 존재하기에 단순히 요리를 사랑하고 즐기는 마음으로만 음식을 만들 순 없다.

언젠가 더 성공해서 한 접시의 음식을 팔아 돈을 벌어도 되지 않을 그땐, 시골에서 작은 레스토랑을 운영하고 싶다. 시골 마을 한적한 곳에 밭에서 야채와 허브를 따고 옆 과수원에서 과일을 빌려다 유유자적하게 매출 신경 쓰지 않고 내가 하고 싶은 요리만 하고 싶다. 내가 생각한 정년은 금전적 자유가 생길 그때이다. 그전까진 그 완전한 정년을 얻기 위해 아직도 노력 중이다.

Q2
셰프는 돈을
많이 버나요?

어느 정도 명성과 경력이 선상에 오른다면 상당히 많이 벌 수 있다. 개인사업자의 오너 셰프 같은 경우는 레스토랑 운영만 잘된다면야 대기업 임원급으로도 돈을 벌 수 있다. 레스토랑에 고용된 어느 정도 명성이 쌓인 셰프라면 월급 외에도 대외 활동 제안이 많이 들어오는데 쿠킹 클래스나 방송, 기업 프로모션 메뉴 개발, 오픈하는 곳의 메뉴 컨설팅 등 수입의 루트가 꽤 다양하다.

10년 정도 경력이면 얼마 정도 받는다는 건 크게 의미가 없다. 그 10년 동안 경력만 쌓았는지, 또는 경력 외에 자기 삶에 투자하여 업적을 쌓았는지에 따라 할 수 있는 일이 다양해진다. 반대로 성실히 경력을 쌓았어도 급여가 더 이상 오르지 않을 때가 있다. 이건 우리의 업종의 이야기인데, 레스토랑은 한 접시의 음식에 가격을 매기고 테이블의 한계 속에 판매한 숫자만큼 돈을 버는 곳이다. 물론 배달이나 밀키트 같은 것도 있지만 잠깐 넣어두고 이야기하자. 그러기에 레스토랑에서 버는 돈은 어느 정도 한계점이 있다.

매출을 높이겠다고 조금 더 큰 곳으로 옮겨 일한다고 해도 그만큼 또 직원을 고용해야 하니 레스토랑 입장에서는 수입과 지출이 확실히 구분된다. 그러기에 조금 더 높은 금전적 수입을 원한다면 누구나 다 열심히만 일하면 얻을 수 있는 경력 말고 남들에게 없는 업적을 쌓으려 노력해야 한다.

Q3
레시피 개발을
자주 해야 하나요?

나의 경우는 계절별로 새로운 메뉴를 선보이곤 한다. 인기가 많은 메뉴는 변경보단 유지, 개선 쪽으로 가고 제철 재료들을 활용하여 그 시즌에 따라 메뉴들을 낸다. 예를 들어 봄에는 아스파라거스, 여름엔 토마토, 가을엔 감, 겨울엔 배추 같은 것들 말이다. 또 밸런타인데이나 크리스마스 같은 연인들의 예약률이 높은 날에는 특선 메뉴를 준비하기도 한다.

사실 총주방장이 되면 노동으로 힘들다기보다 메뉴 개발 때문에 힘이 든다. 1년만 해도 4번 이상 이벤트 데이가 있고 알레르기 유무에 따라 새로운 메뉴를 내야 하며 또 그 전 메뉴와는 되도록 겹치지 않아야 하니 정말 1년 365일은 종일 새로운 메뉴를 생각한다고 해도 과언이 아니다.

∧ 토마토 플레이트

∧ 크리스마스 치킨

조미료에 대해
어떻게 생각하나요?

지극히 개인적인 생각으로는 크게 나쁘지 않다고 생각한다. 조미료를 잘 활용한다면 좋은 재료를 더욱 최상의 맛으로 만들어 낼 수 있기 때문이다. 이처럼 조미료는 잘 활용하면 좋다. 단 의지하면 안 된다.

난 조금 큰 의미에서 공산품 식자재들도 조미료와 의미가 같다고 생각한다. 인공적으로 만들어져 맛을 더해준다는 뜻에서 본다면 말이다. 소금 같은 건 좋아하는 브랜드를 찾는 것이 좋다. 소금은 요리의 가장 기본이 되는 조미료이고, 입에서 느낄 수 있는 오미 중 가장 잘 평가할 수 있는 염도를 결정지어 주기 때문이다. 소금도 브랜드마다 맛이 다 다양하다. 어떤 건 짠맛에서 시작해 짠맛으로 끝나기도 하고 짠맛으로 시작해서 단맛으로 끝나는 소금도 있다. 입자의 굵기 또한 식자재에 스며드는 시간과도 연관되어있기에 자기 소금을 찾는 것이 중요하다. 그 외에 후추, 설탕, 간장, 된장, 올리브유 같은 것들도 브랜드마다 맛을 기억하면 요리에 잘 활용할 수 있다.

조미료 없이 천연재료로만 요리한다는 말은 옛날 말이다. 염전에서부터 소금을 캐는 요리사가 없듯이 말이다.

Q5
완벽한 요리의
기준이 있나요?

요리에서 완벽이란 말은 너무나 사치스럽다. 추상적이고 개인적인 감상으로 완벽이라는 표현을 할 수는 있지만 음식이란 것은 먹는 사람마다 느끼는 바가 다 다르기에 모두에게 완벽하게 다가갈 수는 없다. 전날 거하게 한잔한 손님에겐 트러플 파스타보단 콩나물국이 더 귀할 수도 있는 것처럼 음식 맛은 상황에 따른 제약이 많다. 100점을 완벽이라고 한다면 90점 이상의 평가만 받아도 훌륭하다고 생각한다.

음식은 요리사의 손끝에서 마무리가 된다. 하지만 과학적으로 접근한다면 완벽한 온도라는 것은 존재한다. 수비드 머신이나 오븐 등을 활용하여 요리사의 손끝이 아닌 도구를 활용하는 방법 말이다. 닭 가슴살을 수비드로 조리한 후 겉면만 구워 내부온도를 60도로 맞추어 먹어본다면 음식을 내는 입장에선 이 정도면 완벽하다는 말이 절로 나온다. 시대가 바뀜에 있어서 새로운 장비나 도구를 활용하는 법도 배워야 한다. 물론 기본기도 탄탄하게 다진다는 전제하에 말이다.

2 셰프의
매력

충분한 경력을 쌓은 후 '셰프'라는 직위에 올랐다면 할 수 있는 일들이 다양해진다. 먼저, 레스토랑에서 요리를 만드는 일 외에도 재미있는 제안들이 들어온다. 메뉴 개발 컨설팅, 기업 행사 케이터링, 식재료의 모델, 요리 수업, 강연 같은 것들 말이다.

그중 특히 요리 수업은 기회가 된다면 꼭 해보았으면 좋겠다. 학생들을 가르치는 쿠킹 클래스나 강연은 나 자신에게도 굉장히 많은 도움이 된다. 지나간 내 요리를 돌아볼 수 있는 계기가 되기도 하고 앞으로 만날 후배들과 인연을 쌓을 기회가 되기도 한다.

식자재에 관심이 있다면 전국 미식 투어를 다니기도 좋다. 재료와 조리 방법을 탐구하며 새로운 맛에 눈을 뜰 때마다 얻는 재미가 쏠쏠하다. 또 비슷한 분야에서는 서로서로 알기에 특히 양식 레스토랑을 방문하면 서비스 음식도 종종 받는 편이다.

셰프라는 직업은 대중들에도 인기가 많다. 먼저 모임 자리에서 직업을 이야기하다 보면 주목받는 인기 직업이다. 음식에 대한 지식은 사람들 사이에서 대화를 이끌기 좋고 또 친근한 이미지를 주기에 늘 호감 가는 위치에서 대화를 나눌 수 있다.

또 경력이 쌓이면 주도적인 삶을 살 수 있는데 나에게 필요한 곳에서 일하기보단 내가 필요한 곳에서 내 요리를 펼칠 수 있다. 이것이 꽤 매력이 있는 이유는 요리사라는 직업이 생산이라는 노동으로 경력을 시작하되 창작이라는 예술로 향해가기 때문이다. 새롭고 독창적인 요리를 해보는 더 적합한 환경에서 자신의 가치관을 충분히 녹인 요리를 맘껏 할 수 있다.

무엇보다 우리는 타인을 행복하게 해주는 사람이다. 음식 한 접시로 그날의 온도, 상대방의 미소, 집에 가는 발걸음의 무게까지 결정지어 줄 수 있다. 음식은 단순히 배를 채우는 것에서 끝나지 않는다. 평생 기억에 남을 만한 추억을 만들어 줄 수 있고, 누군가에게 오랜 여운을 남길 수도 있다. 그게 바로 우리 직업의 가장 큰 매력 아닐까 싶다.

∧ 아뮤즈부쉬

Q1
직업의 장점 3가지를 꼽는다면
무엇이 있을까요?

새로운 무언가를 창조할 수 있고 누군가에게 행복감을 줄 수 있으며 공간을 추억하게 해줄 수 있다. 나는 우리를 예술가이자 기획자라고 생각한다. 항상 새로운 걸 창조하고 색다른 방식으로 음식을 담으며 색감과 식감을 고려하여 레시피를 구성하는, 삶 자체가 고뇌의 연속이다. 다른 이들이 하지 못할 걸 찾기 위해 노력하고 또 그 작품들을 먹었을 때 누군가가 미소 짓는 모습을 본다면 그보다 더 큰 행복은 없다. 내 요리로 기대감에 부푼 누군가에게 만족감과 행복감을 줄 수 있으며 그 시간과 공간을 추억하게 만들어 줄 수도 있다. 복지가 어떻고 급여가 어떤지의 문제보단 요리사의 존재 가치에 행복을 둔 직업의 장점들이다.

Q2
셰프라서 누릴 수 있는 것에는
무엇이 있을까요?

어떤 직업보다도 많은 식자재를 접할 수 있다. 그 말인즉 맛있는 걸 많이 먹어 볼 수 있다는 것이다. 많이 먹어본다는 건 그만큼 미식이 는다는 것인데 남들은 돈 주고 배우는 걸 우리는 돈 벌면서 배울 수가 있다.

개인적으로 집에서도 요리하는 걸 좋아해 가족들에게도 요리를 많이 해주는 편이다. 그래서 꽤 사랑받는 남편, 아빠가 되기도 한다. 이 직업을 선택해 실력이 는 나로서는 가족이 내요리를 좋아하고 맛있게 먹어준다는 건 내가 누릴 수 있는 행복 중 하나다. 캠핑이나 펜션 같은 곳에 놀러 갈 때 고기 굽는 건 내 몫이라는 게 조금 단점일 수도 있겠지만 반대로 생각하면 내가 인기가 많기 때문이기에 또 나쁠 게 하나도 없다.

또 대부분 셰프들은 평일에 휴무를 가진다. 그래서 평일에 다소 한적하고 여유롭게 유명한 관광지나 맛집들을 손쉽게 공략할 수도 있다.

Q3

손님에게 어떤 셰프로
기억되고 싶나요?

좋은 날에 생각나는 셰프였으면 좋겠다. 정확히 말하면 나보다 내 요리가 생각났으면 하는 바람이다. 부모님 결혼기념일에 맛있는 곳으로 모시고 싶을 때, 여자친구랑 1주년 기념일에 서프라이즈 추억을 남기고 싶을 때, 아들의 생일에 미식을 일깨워주며 함께 시간을 보내고 싶을 때 등등 그런 의미 있는 순간마다 내가 생각났으면 좋겠다. 그 기억 속엔 맛있고 따뜻한 음식뿐만 아니라 나의 진심과 애정도 함께 기억되었으면 한다.

3 셰프의
미래

시대가 발전함에 따라 사람들의 미식 수준도 굉장히 올라가고 있다. 누구나 다 특별하고 맛있는 음식을 먹고 싶고 기념일엔 멋진 레스토랑에서 보내고 싶어 한다. 그런 점에서 본다면 셰프라는 직업은 앞으로도 장래가 유망한 직종이다. 평준화되지 않은 음식을 만드는 능력 있는 셰프는 어디서든 인기가 있을 테니 말이다.

하지만 걱정되는 부분도 있다. 음식점들이 너무 많다. 특히 우리 대한민국은 레스토랑뿐만 아니라 일반음식점들도 많다. 전세계적으로 어느 나라와 비교해 보아도 절대 적은 편이 아니다. 우리 동네 먹자골목이라는 곳에 가 보아도 거의 100m 거리를 두고 음식점들이 빼곡히 들어차 있다. 그 수많은 음식점에 모두 셰프가 있는 게 아니다. 수많은 프랜차이즈나 솜씨 좋은 어머님들이 연 가게가 있고, 요리 기술이 크게 필요하지 않은 곳은 굳이 셰프를 고용하지 않아도 손님들로 북적인다. 기술을 배워 창업하는 직종으로 미용 분야를 뽑을 수 있는데 미용사는 자격증이 있어야 창업을 하는 데 반해 음식점은 창업할 때 자격증이 필요 없다. 그러다 보니 교육받은 요리사들의 음식점도 솜씨 좋은 일반인들의 음식점들과 경쟁을 해야 한다.

180

그렇다면 우리가 경쟁에서 살아남는 방법은 무엇일까? 바로 기본기를 토대로 한 창의적인 요리이다. 요즘엔 요리사들의 창업 연령이 많이 낮아졌다. 막내 생활은 맛만 보고 또는 경험하지 않고 창업하려는 요리사들 말이다. 각자의 삶이니 잘못된 건 아니지만 그들이 발 내디딜 이곳은 치열한 생존의 결투장인 것을 알아야 한다. 기발한 레시피를 개발해서 창업에 성공해도 경험의 부재로 인해 새로운 변화를 감내하지 못하는 문제점이 생기기도 한다.

내 첫 레스토랑은 대학가였는데 정말 기발하고 다양한 조리법, 좋은 재료, 친절한 서비스가 뒷받침되어 열심히 해도 우리 가게를 겨냥한 듯한 저가 파스타집 앞에서는 맥을 못 추었다. 저 가게는 저렇게 장사를 해도 괜찮을까 걱정도 됐다. 손님이 북적이는 듯해도 하루 매출이 어느 정도일지는 가늠이 가는데 말이다. 결국은 오래 못 가 그 가게는 폐업했다. 그사이에 나는 퀄리티를 꾸준히 유지했다. 새로운 레시피를 개발하고 서비스를 준비하며 단순 식사가 아닌 미식을 위해 내가 가진 모든 능력을 최대한 펼쳤다. 그 결과는 결국 다시 돌아오는 손님들을 통해 알 수가 있다. 셰프는 그런 상황에서도 경쟁이라는 것을 할 수 있는 능력을 갖춘 전문가이다.

앞으로 한식, 중식, 일식, 양식 어느 음식을 하더라도 실버 푸드를 공부했으면 좋겠다. 지금부터 준비하면 앞으로의 미래에 큰 도움이 될 수 있다. 노인 인구는 계속 늘어날 것이며 그에 따른 영양소와 맛, 식감을 동반한 실버 푸드의 수요가 늘어날 것이다. 오늘날 베지테리안 푸드가 유행하듯 필연적으로 실

버 푸드도 가까운 미래에 필요한 요리 트렌드가 될 것으로 생
각한다. 클래식을 중요시하되 미래를 내다보는 사람이 되어야
성공하는 셰프가 될 수 있다.

과거와 비교했을 때
셰프의 미래는 어떠한가요?

과거와 비교했을 때보다 훨씬 전망이 좋다. 88 서울올림픽 전
후로 호텔들이 들어서고 대기업에서 셰프들을 고용하며 든
든한 직장에서 요리사들이 입지를 갖추게 되었다. 다소 안정
된 생활 속에서 학업을 병행할 수 있었고 후배들 양성을 위해
교직에 들어서는 분들도 많아지면서 후배 요리사들도 양질의
교육을 받게 되었고 그 후 유학을 다녀온 셰프들도 대거 한국
외식업 시장에서 활약하면서 미식의 질이 굉장히 높아졌다.
그에 따라 음식을 즐기는 손님들도 미식의 눈높이가 맞춰지
며 지금은 요리사들이 요리하기에 꽤 좋은 환경이다.

그에 따른 문제들도 있지만, 단점보다는 장점이 조금 더 많은
듯하다. 10여 년 전부터는 셰프들이 방송에 나오며 예능이나
다큐멘터리에도 출연하여 입지가 굳어졌고 지금도 음식 관련
프로에 고정으로 출연하면서 요리사라는 직업에 또 다른 방
향성을 제시하는 분들도 있다. 인간이 하는 일을 로봇들이 대
체해 가는 시대라고 하지만 적어도 레스토랑의 음식은 당장
은 셰프의 손을 떠나지는 않을 것으로 생각한다.

물론 단순 식사 대용의 간편한 조리법의 음식들은 지금도 기

계의 손을 빌리지만 셰프의 음식은 단순히 맛뿐만 아니라 공간, 시간, 분위기, 상대방에게 맞출 수 있는 그 모든 것들을 직접 컨트롤할 수 있기에 그 어느 직업보다도 장래성은 보장된다.

Q2
셰프로서 뻗어갈 수 있는
또 다른 진로가 있나요?

충분한 경력과 업적이 쌓이면 할 수 있는 일들이 많다. 지금 내가 하는 것처럼 책을 집필하거나 음식점을 돌아다니며 글을 적는 음식 칼럼니스트로 활동할 수도 있고 메뉴 개발을 통한 컨설턴트로도 영역을 넓힐 수 있다. 꾸준히 학업을 병행하여 학위를 취득 후 교직에서 후배들을 가르칠 수도 있으며 대기업 식품 연구기관과 연계되어 식품 개발을 주도할 수도 있다. 사업에 소질이 있다면 독창적인 레시피를 기반으로 프랜차이즈 회사를 설립해 대표가 될 수도 있다.

재미있는 건 위에 열거한 진로들이 다 셰프로서 일하며 병행할 수 있는 일들이라는 것이다. 항상 여러 가지 자신의 가능성을 열어두고 요리했으면 좋겠다. 지금 돌이켜 생각해 보면 별거 아니었던 일들 하나하나가 도움 되고 있다. 어렸을 때 배웠던 미술이, 스무 살에 해봤던 급식 아르바이트가, 전역 후 일했던 돈가스집이, 부모님께 부탁해서 없는 살림에 떠났던 뉴욕 유학이, 호텔 정직원이 되지 못해 쓰린 마음 추스르기 위해 떠났던 부산 여행이, 이 모든 것들이 이 요리사로서 다양하게 뻗어갈 수 있는 자양분이 되었다.

Q3
예비 셰프에게 마지막으로
해주고 싶은 말은 무엇인가요?

시작에 앞서 불안함도 있을 것이다. 동시에 내 요리를 만든 후 오는 기대감도 있을 것이다. 불안감과 기대감 모두가 다 경험이니 요리하는 그 순간에는 늘 행복한 마음을 가졌으면 좋겠다.

사람은 누구나 다 성공하길 원한다. 그리고 지금 하는 일들이 과연 성공이라는 목표에 도움이 되는 것들인지, 또 내가 잘 가고 있는지 의문이 항상 들 것이다. 열심히 하고는 있는데 생각보다 좋은 결과가 오지 않고, 내 음식이나 명성이 잘 쌓여 가는지 또한 걱정될 것이다. 괜찮다. 그런 고민을 하는 것만으로도 한 발 더 내디딜 수 있는 사람이란 뜻이다.

요리는 평생 배우는 직업이다. 지금 하는 일들이, 지금 도전했던 일들이 지금 빛을 발하지 않는다 해도 10년 후 20년 후엔 분명 탄탄한 셰프가 되어 그동안의 발자취가 역사가 되고 누군가에겐 본보기가 될 것이다.

조급해하지 말고 자신이 생각했던 그 길에 흔들리지 말자. 그리고 다른 이들보다 더 나은 삶을 살고자 한다면 남들 놀 때

같이 놀지 말고 남들 일할 때 더 열심히 일해야 한다. 이건 시대가 앞으로 몇백 년이 지나도 변하지 않을 사실이다. 우리 계통엔 천재가 없다. 조금 더 나은 사람이 있을 뿐이다. 노력하면 어떻게든 어떤 방식이든지 기회가 다가오는 것이 우리 요리사들의 세계이다.

셰프가
사용하는 용어

서양 음식을 배우기에 앞서 실무에서 사용하는 용어들을 정리해 보았다. 기본적으로는 영어를 많이 사용하나 프랑스어가 바로 영어로 직역되는 조리 용어도 있기에 같거나 비슷한 뜻의 조리 용어는 영어와 프랑스어로 함께 정리했다.

〔 조리 용어 〕

미조테Mijoter
약한 불로 뭉근히 끓이는 것을 뜻한다.

시머링Simmering
은근히 끓이는 것. 80~90℃ 사이의 열을 유지하며 내용물이 흐트러지지 않게 천천히 끓이는 방법으로 포칭(Poaching)과 보일링(Boiling)의 혼합 조리법을 뜻한다.

에튀베Étuver
냄비나 팬에 소량의 기름을 넣고 야채를 볶아 야채의 수분으로만 조리하는 방법으로 뚜껑을 닫아 약한 불로 천천히 조리하는 것을 뜻한다.

쉬에SUER
야채 등을 즙이 나오게 약한 불에서 은근히 익히는 방법.

보일링Boiling
액체의 대류에 의해서 조리하는 방법. 100℃의 액체에서 가열하는 조리법으로 수면에 거품이 퍼지는 상태이다.

포치Poach / 포셰Pocher
160~185℉ / 70~82℃의 온도로 약하게 끓는 액체를 사용하여 서서히 익히는 것.

섭머지 포치Submerge poach
많은 양의 야채스톡에서 생선이나 갑각류 등을 익힐 때 사용하는 조리 법으로 액체 온도는 85~92℃ 정도로 익히는 것이 좋다.

샬로우 포치shallow poach
끓는점 아래의 온도로 끓고 있는 액체가 담긴 얇은 팬에 서서히 익히는 것. 종종 사용된 액체로 졸여서 소스를 만드는 기본재료로 사용한다.

브레이징Braising / 브레제Braiser
찜과 비슷한 조리법으로 액체와 같이 은근한 불에서 장시간 끓여 육류의 결합조직을 부드럽게 하면서 영양과 향이 그대로 유지되는 조리법이다. 180~200℃의 온도에서 질긴 육류를 익히기 위해 팬에 미르포아(Mirepoix)를 깔고 소스나 즙을 이용하여 장시간 오븐에서 천천히 익히기도 한다. 생선류는 팬에 생선과 포도주를 1/3 정도 넣어 뚜껑을 덮고 오븐에서 은근히 익혀낸 다음, 남은 즙은 생크림과 향신료를 이용하여 소스로 이용한다.

스튜Stew / 프리카세Fricassee
브레이징과 거의 같지만 대개 사용되는 육류의 크기가 더 작아서 조리 시간이 더 적게 드는 조리법이다. 아래 표와 같은 차이가 있다.

	브레이징(Braising)	스튜(Stew)
고기의 크기	크고 많은 양	규격으로 썬 고기 조각
스톡의 양	고기의 1/2 또는 1/3	고기가 덮이게
소스	조리 후 걸러 따로 얹어준다.	조리 후 거르지 않고 접시에 같이 준다.
가니쉬	고기와 별도로 준비	같이 끓인다.

그리에Griller
석쇠에 굽는 조리법.

소테Saute / 리솔레Rissoler
살짝 구워 갈색을 내는 것. 소테 조리법은 요리가 생겨나면서부터 나온 조리법으로 쉽고 맛있는 요리를 만드는 대표적인 조리법 중 하나이다.

베이스트 Baste / 아로제 Arroser
재료를 구울 때 나오는 육즙이나 기름을 끼얹어 재료가 마르지 않게 하는 것.

로스팅 Roasting / 로스트 Roast
큰 덩어리의 고기류를 익히는 방법으로 오븐에서 기름과 즙을 끼얹으면서 굽는 조리법. 로스팅팬에 식재료를 올려서 처음에는 210~250℃로 높여 색을 내어 육즙이 빠지지 못하게 하고 150~200℃에서 조리하여 내부 온도를 맞춘다.

앙뵈레 Embeurree
팬에 버터를 녹인 후 채소 등의 재료를 볶는 조리법.

푸알레 Poeler
냄비나 팬에 재료를 넣고 구워 향을 내어준 후 뚜껑을 덮어 오븐에서 온도를 조절해 가며 익히는 방법.

미퀴 Mi-cuit
반만 익히는 것.

몽떼 Monter
소스 등을 만들 때 마지막에 버터 등을 넣고 섞어 농도와 풍미를 주는 법.

데글라세 Deglacer
고기를 구운 후 냄비에 육수나 물을 부어 눌어붙어 있는 육즙을 녹이는 것.

시즐레 Ciseler
생선이 골고루 익도록 칼집을 내는 것.

스코어 Score
고기나 생선 등을 다이아몬드 모양으로 칼집을 내주는 것으로 장식하거나 맛이 잘 배게 하는 방법이다.

플랑베 Flamber
알코올을 뿌려 불을 붙여서 알코올 성분을 날리는 것을 말한다.

스터핑 Stuffing / 파르스 Farce
고기나 생선, 채소 등에 속을 채워 넣는 것을 뜻한다.

룰라드 Roulade
소를 넣거나 채워 둥글게 말아 익힌 육류나 생선들을 말한다.

갈라틴 Galantine
소를 넣고 말아서 삶은 뼈를 발라낸 육류(대개 가금류)로 아스픽(매끈한 모양의 틀)에 넣어 차갑게 서브하기도 한다.

라딩 Larding
고기용 바늘을 사용하여 고기 속에 지방을 넣는 방법이다.

바딩 Barding
고기 표면에 얇은 지방을 겹쳐 굽는 방법으로 고기를 구울 때 지방이 녹아서 고기 표면을 촉촉하게 해주며 풍미를 높여준다.

바인드 Bind / 피슬레 Ficeler
조리용 실로 음식을 묶는 방식으로 재료에 열을 가했을 때 형태가 뒤틀리는 것을 방지한다.

에스칼로페 Escaloper
재료들을 너무 두껍지 않게 어슷하게 자르는 방법.

그래세 Graisser
팬이나 냄비에 기름을 발라 코팅하는 것을 뜻한다.

데살레 Dessaler
염분을 제거하는 과정으로 보통 흐르는 찬물에 담가 제거한다.

아파레유 Appareil
요리에 필요한 재료를 미리 손질하여 섞은 반죽을 뜻한다.

앙퓌제 Infuser

끓여서 풍미를 우려낸다는 뜻.

글라스 glace

겔(Gel) 상태로 졸인 육수.

뵈르 누아제트 Beurre noisette

갈색 버터를 고기에 끼얹어 가며 익히는 방법.

소뮈르 Saumur

훈제할 때 절이는 소금물 또는 피클 물.

쥐 jus

재료를 가열하여 얻은 육즙 소스.

스톡 Stock / 퐁 fond

고기나 생선을 넣어 끓인 육수, 맛 국물.

살사 Salsa

스페인어로 소스라는 뜻.

테린 Terrine

포스미트(Force meat, 양념하여 다진고기) 덩어리. 파테(페이스트리 반죽으로 만든 파이 크러스트에 고기, 생선, 채소 등을 갈아 만든 소를 채운 후 오븐에 구운 프랑스 요리)와 비슷하지만 뚜껑을 덮은 모양틀을 사용해서 중탕하여 익히는 방법이다. 또는 음식을 만드는 데 사용되는 모양틀을 지칭하기도 한다.

팀발 Timbal

가금류, 생선을 갈아 달걀흰자 따위를 넣고 소스를 쳐서 만든 요리.

무스 Mousse

거품 낸 난백을 향미를 낸 기본 혼합물에 넣어 만든 음식. 거품 낸 크림을 함께 넣기도 한다. 달콤하게 또는 짭짤하게 만든다.

브로스Broth

물이나 스톡에 육류, 야채를 넣고 약한 불에 끓여서 만든 맛있고 향기로운 육수의 일종이다. 향신료나 허브는 넣기도 하고 넣지 않기도 한다.

퓌메Fumet

생선 뼈에 향신료를 넣어서 은근히 끓여 거른 스톡.

에멀션Emulsion

소스와 소스 또는 소스와 오일이 조리 중 섞이는 과정을 뜻한다.

〔 **야채 썰기** 〕

파인 줄리엔Fine Julienne

곱고 가늘게 썰기. 2×2×25~50mm.

줄리엔Julienne / 알뤼메트Allumette

가늘게 썰기 / 성냥개비 모양으로 자르기. 4×4×25~50mm.

바토네Batonnet

작은 스틱 모양으로 자른 야채. 6×6×50mm.

브루노와즈Brunoise

잘게 썬 혼합 야채. 3×3×3mm.

스몰 다이스Small Dice

작은 주사위 모양. 6×6×6mm.

미디움 다이스Medium Dice

중간 주사위 모양. 12×12×12mm.

라지 다이스Large Dice

큰 주사위 모양. 19×19×19mm.

다이스Dice / 다이싱Dicing

음식을 주사위 모양으로 자르는 것.

쉬레드Shred / 쉬레딩Shredding

모든 야채를 얇게 채 써는 것.

찹Chop / 찹핑Chopping

야채 등을 조각내 다지는 것.

민스Mince, 민싱Mincing

식품을 찹핑보다 더 작은 조각으로 다지는 것.

시포나드Chiffonade

잎. 잎사귀 등의 야채류를 돌돌 말아 가늘게 채 썬 것.

페이잔Paysanne

납작한 네모 모양. 12×12×3mm.

롱델Rondelle / 라운드Round

야채들의 모양을 내어주거나 원형을 직각으로 써는 것. 3〜12mm.

페르미에르Fermiere

페이잔(Paysanne)과 비슷함. 모양은 부채모양. 원하는 두께로 3〜12mm.

올리베또Oilvette

5cm 정도 길이로 올리브 모양으로 자르는 것.

플루팅Fluting

야채나 과일에 나선형의 홈 또는 다른 장식을 내는 것.

샤또Chateau

6〜7cm 정도 야채를 가운데가 굵고 끝 면이 작게 6면의 각을 이루게 자르는 것.

비취Vichy

0.3cm 두께로 가장자리를 둥글게 도려내어 모양을 내는 것.

에망세Emincer

야채나 고기 등을 아주 얇게 써는 모양(얇은 종잇장처럼 슬라이스로 자르는 것). 약 1~3mm 정도.

뤼스Russe

5×5×30mm로 자르는 것. 샐러드 조리 시 많이 쓰임.

프랑타니에Printanier

5×5×10mm로 사각으로 썰기(다이아몬드형으로 자르는 방법).

도미노Domino

1~2cm 두께로 직사각형 도미노 모양처럼 자르는 방법.

퐁 느프Pant Neuf

가로와 세로가 6mm 정도의 크기이고 6cm 길이. 예시로 프렌치프라이 포테이토(French Fry Potatoes)를 들 수 있다.

파리지엔느Parisienne

야채나 과일을 동그랗게 도려내는 것. 파리지엔느 나이프를 사용한다. 요리목적에 따라 크기를 다르게 할 수 있는데. 크기는 파리지엔느 나이프 크기에 달려있다.

아세Hacher

'Chop'의 의미로 곱게 다지기. 파슬리. 야채. 고기 등을 칼이나 기계를 사용하여 잘게 다지는 것. 썰면서 짓이기지 말고 각이 지게 다져야 한다.

콩카세Concasse

토마토나 야채의 껍질을 벗기고 살 부분만 가로세로 0.5cm 크기의 정사각형으로 써는 방법으로 각종 요리의 가니쉬나 소스에 사용.

EPILOGUE

시작하는 모든 요리사에게,

이 책을 쓰며 아직 셰프의 길을 걸어가고 있는 내 삶을 돌아보는 계기가 되어 행복했다. 처음 책을 집필하며 꿈과 희망에 가득 찬 이야기를 적는 것이 좋을지 고민했지만 내가 경험했던 일들을 현실적으로 알려주기로 했다. 셰프를 목표로 하는 후배에게 도움이 될까 더 현실적으로 표현한 것 같아 미안한 마음도 조금 있다.

나는 아직도 진행형이다. 스물두 살부터 지금까지 약 18년 동안 내가 생각한 꿈들을 이제 반 정도 이룬 거 같다. 학교에서 아이들을 가르치고 싶었고, 특1급 호텔에서 근무해보고 싶었다. 내 레스토랑을 운영하고 싶었고, 국가대표를 하고 싶었으며, 요리책도 내보고 싶었다. 이 모든 꿈을 이룬 지금, 목표는 다음 꿈의 연장선이라는 걸 깨달았다. 그래서 지금도 공부를 멈추지 않고 또 다른 목표를 준비 중이다.

미래는 늘 불안하다. 내가 잘하고 있는지 걱정되고, 내 요리 실력은 괜찮은지, 내가 재능이 있는지, 이 분야에서 살아남을 수 있을지 미래가 걱정될 것이다. 당연하다. 미래는 정해지지 않았다. 그렇기에 지금 이 순간 무엇을 할 것인가가 중요하다.

자기 전에 누워 웹툰을 볼 것인지, 새로운 레시피를 고민할 것인지, 컴퓨터를 켜 게임을 할 것인지, 만들어본 요리를 데이터화할 것인지, 부족한 실력에 한탄하며 집에서 술을 마실 것인지, 칼을 들고 무를 썰 것인지… 우리는 모두 답을 알고 있다.

천천히 명성을 쌓고 꿈을 이루어 가며 10년 후 지금을 돌아본다면 그 힘들고 방황했던 상황들은 단지 순간이고 찰나이다. 누구나 다 성공할 수 있는 재능이 있다. 시간이 흘러 스스로 꿈을 위해 얼마나 노력했고, 얼마나 성장해 완성되어 있을지 상상해 보며 쭉 즐겁게 요리했으면 좋겠다.

끝으로 이 책을 쓰며 응원해준 우리 가족, 든든한 내 동반자 주연이와 우리 아들 진후에게 고맙고 사랑한다는 말을 전하고 싶다.

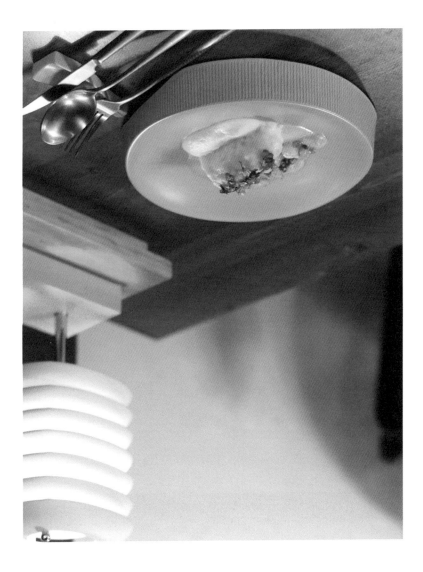

셰프, 맛으로 세계를 그리다

초판 1쇄 발행 2023년 6월 2일
초판 2쇄 발행 2023년 12월 15일

글 김동기
발행인 채종준

출판총괄 박능원
책임편집 유나
디자인 김예리
마케팅 문선영 · 전예리
전자책 정담자리
국제업무 채보라

브랜드 크루
주소 경기도 파주시 회동길 230(문발동)
투고문의 ksibook13@kstudy.com

발행처 한국학술정보(주)
출판신고 2003년 9월 25일 제406-2003-000012호
인쇄 북토리

ISBN 979-11-6983-385-1 03040